小4

100%

受験研究社

この本の特長と使い方

この本は、社会・理科・算数・国語の4教科を、図や表をたくさん使ってわかりやすくまとめています。日常での学習やテストの前の確認に役立ててください。

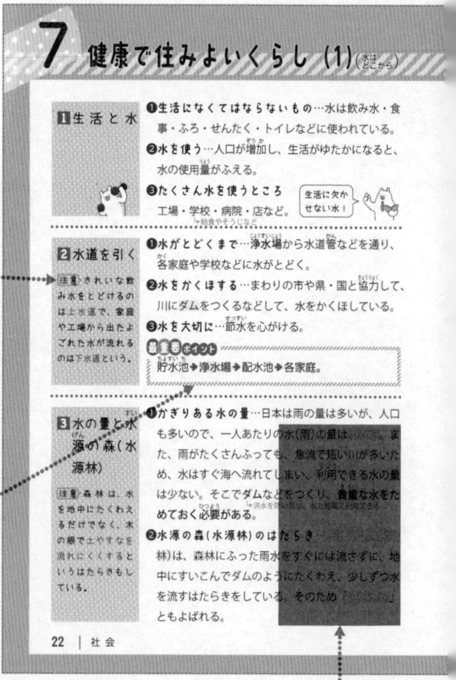
7 健康で住みよいくらし (1)(水はどこから)

1 生活と水

❶**生活になくてはならないもの**…水は飲み水・食事・ふろ・せんたく・トイレなどに使われている。
❷**水を使う**…人口が増加《ぞうか》し、生活がゆたかになると、水の使用量《りょう》がふえる。
❸**たくさん水を使うところ**
工場・学校・病院・店など。
↳給食やそうじなど

2 水道を引く

注意 きれいな飲み水をとどけるのは上水道で、家庭や工場から出たよごれた水が流れるのは下水道という。

❶**水がとどくまで**…浄水場《じょうすいじょう》から水道管《かん》などを通り、各《かく》家庭や学校などに水がとどく。
❷**水をかくほする**…まわりの市や県・国と協力《きょうりょく》して、川にダムをつくるなどして、水をかくほしている。
❸**水を大切に**…節水《せっすい》を心がける。

最重要ポイント
貯水池《ちょすいち》➡浄水場➡配水池➡各家庭。

3 水の量と水《すい》源《げん》の森(水源林)

注意 森林は、水を地中にたくわえるだけでなく、木の根で土やすなを流れにくくするというはたらきもしている。

❶**かぎりある水の量**…日本は雨の量は多いが、人口も多いので、一人あたりの水(雨)の量は　。また、雨がたくさんふっても、急流で短い川が多いため、水はすぐ海へ流れてしまい、利用《りよう》できる水の量は少ない。そこでダムなどをつくり、貴重な水をためておく必要《ひつよう》がある。
❷**水源の森(水源林)のはたらき**…　林)は、森林にふった雨水をすぐには流さずに、地中にすいこんでダムのようにたくわえ、少しずつ水を流すはたらきをしている。そのため「　」ともよばれる。

22 | 社会

参考 注意

「参考」には知っておくとよい知識や発展的な内容を、「注意」には気をつけるべきポイントを簡単にまとめています。

最重要ポイント

特に重要な内容や暗記項目をまとめています。必ず覚えておきましょう。

赤字で書かれた重要語句の上に消えるフィルターをのせて、答えられるまでくり返し勉強していきましょう。

本書に関する最新情報は、小社ホームページにある**本書の「サポート情報」**をご覧ください。(開設していない場合もございます。)
なお、この本の内容についての責任は小社にあり、内容に関するご質問は直接小社におよせください。

くわしい学習

社会と理科の右ページは、左ページの内容をくわしく解説しています。知識を深めましょう。

例題と答え

考え方

算数の右ページには、左ページに関連した例題とその解説をのせています。解けないときは、左ページに戻って再確認できるようになっています。

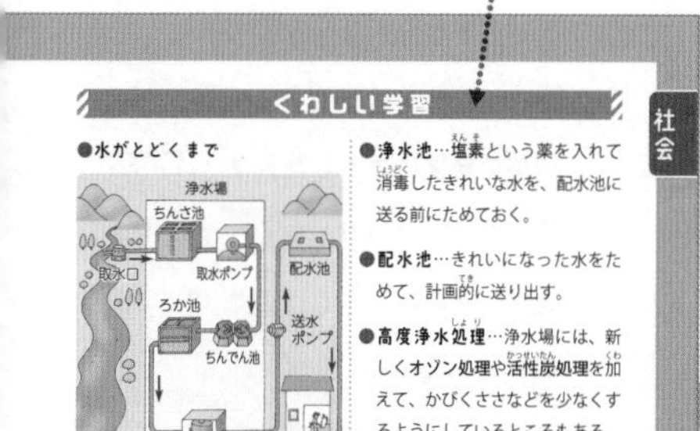

くわしい学習

社会

●水がとどくまで

●ちんでん池…薬で水の中の細かいごみをかため、底《そこ》にしずめる。

●ろか池

にごっている水を、すなとじゃりの間を通してこす。

●浄水池…塩素《えんそ》という薬を入れて消毒《しょうどく》したきれいな水を、配水池に送る前にためておく。

●配水池…きれいになった水をためて、計画的《てき》に送り出す。

●高度浄水処理《しょり》…浄水場には、新しくオゾン処理や活性炭《かっせいたん》処理を加《くわ》えて、かびくささなどを少なくするようにしているところもある。

●水源の森(水源林)

チェックテスト

① 川などからとり入れた水をきれいにするしせつを何といいますか。

② ふった雨を一度に海へ流さずに、川のと中でためるしせつは何ですか。

③「緑のダム」ともよばれる森林を何といいますか。

答え

① 浄水場
② ダム
③ 水源の森(水源林)

7. 健康で住みよいくらし (1) | 23

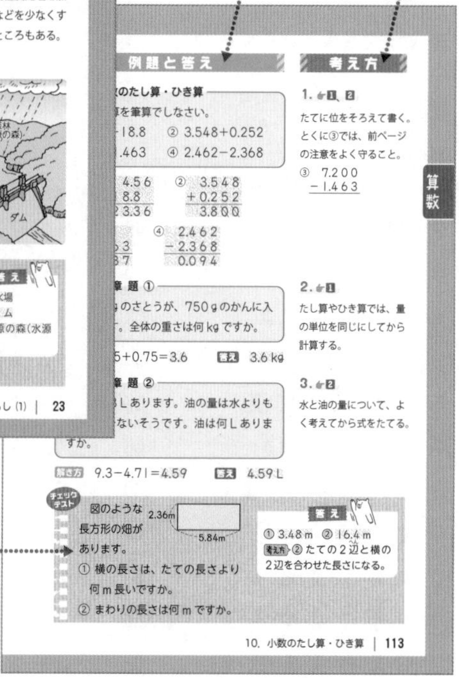

例題と答え

…数のたし算・ひき算
…算を筆算でしなさい。
…18.8　② 3.548+0.252
….463　④ 2.462−2.368

…4.56　② 3.548 + 0.252 = 3.800
…8.8
…23.36
④ 2.462 − 2.368 = 0.094

…章題①
…gのさとうが、750gのかんに入…。全体の重さは何kgですか。
…5+0.75=3.6　答え 3.6kg

…章題②
…Lあります。油の量は水よりも…ないそうです。油は何Lありますか。
解き方 9.3−4.71=4.59　答え 4.59L

考え方

1. ☞1、2
たてに位をそろえて書く。とくに③では、前ページの注意をよく守ること。
③ 7.200 − 1.463

2. ☞1
たし算やひき算では、量の単位を同じにしてから計算する。

3. ☞2
水と油の量について、よく考えてから式をたてる。

算数

チェックテスト

図のような長方形の畑があります。

① 横の長さは、たての長さより何m長いですか。

② まわりの長さは何mですか。

答え

① 3.48m　② 16.4m

考え方 ② たての2辺《へん》と横の2辺を合わせた長さになる。

10. 小数のたし算・ひき算 | 113

チェックテスト 一問一答式のテストです。学習内容が理解できているか確認しましょう。

もくじ

社会

1 地図の見方と使い方 6
● 地形図に親しもう 8
2 資料の見方と使い方 10
3 都道府県のようす (1) 12
4 都道府県のようす (2) 14
5 都道府県のようす (3) 16
6 都道府県のようす (4) 18
● 47都道府県と特産物 20
7 健康で住みよいくらし (1) 22
8 健康で住みよいくらし (2) 24
9 健康で住みよいくらし (3) 26
10 健康で住みよいくらし (4) 28
11 自然災害から人々を守る (1) 30
12 自然災害から人々を守る (2) 32
13 受けつがれる祭りや文化財 34
14 地域の発展につくした人々 (1) 36
15 地域の発展につくした人々 (2) 38
16 地域の発展につくした人々 (3) 40
17 県内の特色ある地域 (1) 42
18 県内の特色ある地域 (2) 44

理科

1 季節と生き物 (春) 46
2 電気のはたらき 48
3 天気と気温 50
4 太陽の高さと気温 52
5 ヘチマの育ち方 54
6 季節と生き物 (夏) 56
7 月の形とその動き 58
8 星の明るさと色、星座 60
9 星の動き 62
10 季節と星座 64
11 四季の星座 (春・夏) 66
12 四季の星座 (秋・冬) 68
13 ほねと筋肉 70
14 空気と水のせいしつ 72
15 季節と生き物 (秋) 74
16 ものの体積と温度 76
17 金属のあたたまり方 78
18 水・空気のあたたまり方 80
19 季節と生き物 (冬) 82
20 雨水のゆくえと地面 84
21 水と水蒸気 86
22 水と氷 88
23 空気中の水蒸気 90
24 空気中の水の変化 92

算数

1 大きい数 94
2 大きい数の計算 96
3 わり算の筆算 (1) 98
4 わり算の筆算 (2) 100
5 わり算の筆算 (3) 102
6 がい数と見積もり 104
7 計算のきまり (1) 106
8 計算のきまり (2) 108
9 小数 110
10 小数のたし算・ひき算 112
11 小数のかけ算 114
12 小数のわり算 116
13 分数 118
14 分数のたし算・ひき算 120
15 角の大きさ 122
16 垂直と平行 124
17 四角形 126
18 面積 (1) 128
19 面積 (2) 130
20 直方体と立方体 132
21 面や辺の平行と垂直、位置の表し方 134
22 折れ線グラフ 136
23 ともなって変わる量 138
24 整理のしかた 140
25 文章題 142

国語

国語は巻末から始まります

1 漢字の読み (1) 175
2 漢字の読み (2) 173
3 漢字の書き (1) 171
4 漢字の書き (2) 169
5 漢字辞典の使い方 167
6 熟語の意味と構成 165
7 慣用句・ことわざ・故事成語 163
8 文の組み立て 161
9 単語の種類・つなぎ言葉 159
10 物語 157
11 説明文 155
12 詩 153
13 短歌・俳句 151
14 記録・報告のしかた 149
15 文章の書き方 147
16 手紙の書き方 145

社会

1 地図の見方と使い方

1 地図のきまり

参考 四方位とは、東西南北のことである。

❶**方《ほう》　位《い》**…**地図の上が北**。または**方位記号**で表す。

❷**縮《しゅく》　尺《しゃく》**…実際《じっさい》のきょりをちぢめた割合《わりあい》。500 m のきょりを 1 cm にちぢめる場合、**縮尺 5 万分の 1、1：50000** と表す。

❸**地形の表し方**…㋐**鳥《ちょう》かん図**、㋑**等高線**を使った図など。
↳鳥が空からみたようにえがいた図

❹**地図記号**…土地の使われ方や建物《たてもの》などは、地図記号によって表される。

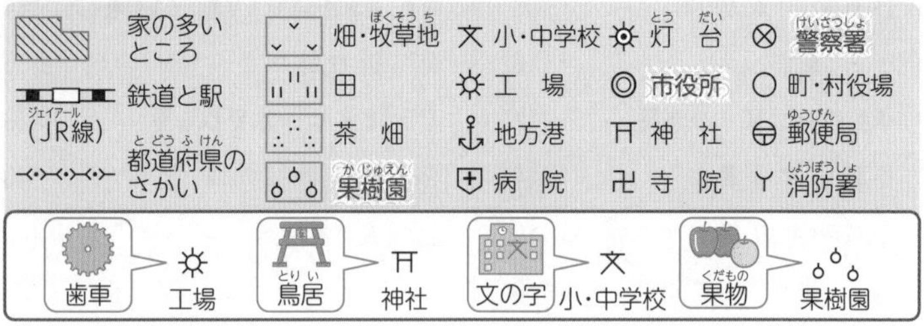

⬜ 家の多いところ	⌄ 畑・牧草地	文 小・中学校　☼ 灯台　⊗ 警察署
▪▪▪ 鉄道と駅（JR線）	‖ 田	☼ 工場　◎ 市役所　○ 町・村役場
⋅⋅⋅ 都道府県のさかい	∴ 茶畑	⚓ 地方港　卄 神社　⊖ 郵便局
	⚬ 果樹園	⊞ 病院　卍 寺院　Y 消防署

歯車 ➡ ☼ 工場　　鳥居 ➡ 卄 神社　　文の字 ➡ 文 小・中学校　　果物 ➡ ⚬ 果樹園

2 いろいろな地図

注意 おおもとの地図である地形図は、国土交通省《しょう》の国土地理院が発行している。

❶**おおもとになる地図**…土地の高さや、山・川・平野・海などのようすを表すものが**地形図**。

❷**土地利用《りよう》図**…土地がどのように利用されているかを表した地図。
↳水田・畑・工場・森林など

❸**分布《ぶんぷ》図**…人口や農作物の生産量《せいさんりょう》などがどのように分布しているかを表す地図。

❹**その他の地図**…交通図・観光案内《かんこうあんない》図・天気図など。

最重要ポイント

地形図➜実際の土地のようすを、等高線や地図記号を使って、表したもの。

くわしい学習

●方　位…記号（左）と八方位（右）。

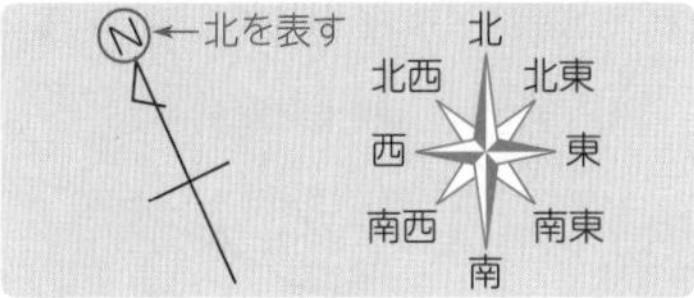

●等高線…海面からはかって同じ高さのところを線で結《むす》んだもの。

等高線により**土地の高さ**がわかる。また、等高線の間かくから、**土地のかたむき**のようすがわかり、**断《だん》面《めん》図**をつくることもできる。

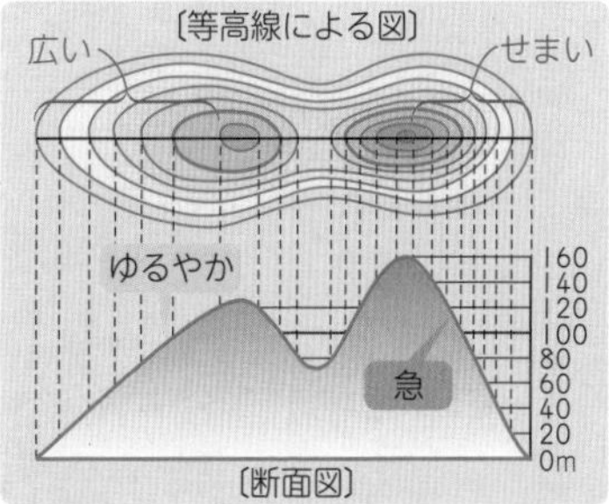

●いろいろな図

●きょりのはかり方

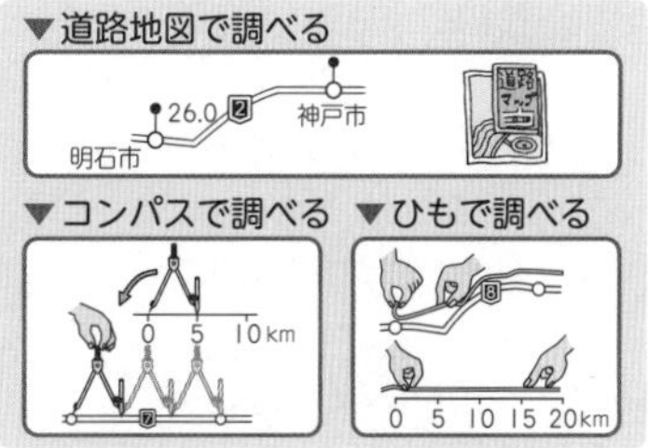

チェックテスト

① 四方位とは、どの方角を指しますか。

② 等高線の間かくのせまいところは、土地のかたむきが(　　)です。

③ 次の地図記号は、それぞれ何を表していますか。

答え

① 東西南北

② 急

③ ㋐ＪＲ線の鉄道
㋑小・中学校
㋒病　院　㋓田
㋔果樹園

地形図に親しもう

縮《しゅく》尺《しゃく》

縮尺とは実際《じっさい》のきょりをちぢめた割合《わりあい》のこと。地形図には、ちぢめた割合によって**2万5千分の1**の地形図や**5万分の1**の地形図などがある。

等高線

地形図には等高線（海面から同じ高さのところを結《むす》んだ線）がかかれている。右の地形図のうすい茶色の線が等高線。等高線のうち、細い線は**主曲線《しゅきょくせん》**、太い線は**計曲線《けいきょくせん》**といい、下の表のとおり縮尺によって引かれる間かくが変わる。計曲線上に書かれている数字は高さを表す。

	2万5千分の1	5万分の1
主曲線	10mごと	20mごと
計曲線	50mごと	100mごと

右の地形図は、50mごとに計曲線、10mごとに主曲線が引かれているので、2万5千分の1の地形図であることがわかる。

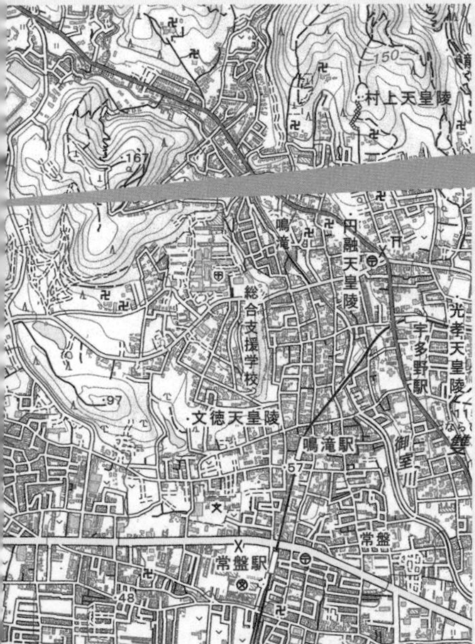

等高線の間かく

等高線は線と線の間かくがせまいほど土地のかたむきが急で、広いほどゆるやかであることを表す。

プラスα

地図記号から、土地がどのように使われているのか読み取ろう。

左の地形図を見ると、等高線の間かくが広いところは田(‖)、せまいところは広葉樹林《こうようじゅりん》(Q)や針《しん》葉《よう》樹林(Λ)、竹林(ℸ)になっていて、土地はかたむきによって使われ方に特《とく》ちょうがあることがわかる。

新しくできた地図記号

(自然災害伝承碑《しぜんさいがいでんしょうひ》)

2019年に新たにつくられた地図記号。

げんざいは、外国人にもわかりやすい地図記号がつくられている。

(郵便局《ゆうびんきょく》)

(コンビニエンスストア スーパーマーケット)

(国土地理院発行の２万５千分の１の地形図「京都西北部」)

2 資料の見方と使い方

1 いろいろな資料《しりょう》を集める

❶調べる…図書館・博物館《はくぶつかん》などを利用《りよう》する。インターネットで調べる。
↳新聞や本など（図書館）

❷実際《じっさい》に行く…見学・観察《かんさつ》・体験《たいけん》・インタビューなどをする。インタビューに行くときは、質問内容《しつもんないよう》をまとめておく。
↱相手に話を聞く（インタビュー）

❸その他…電話やメール、手紙などで質問する。

2 統計《とうけい》資料の見方

注意＞統計資料は約束《やくそく》ごとをおさえ、見るポイントをはっきりさせないと、数字にまどわされる。

①標題《ひょうだい》は何か → 〈人口の多い都道府県〉

都道府県	人口（万人）
東京都	1,404
神奈川県	923
大阪府	878
愛知県	750
埼玉県	734
千葉県	627
全国	12,495

総務省調べ　(2022年10月1日)

②単位《たんい》は何か → （万人）

③内容はどうか → 表の内容

④どこが調べたか → 総務省調べ

⑤いつ調べられたものか → (2022年10月1日)

※そのほかに書物の出所（出典《しゅってん》）がのせられている統計資料もある。

3 資料を使う

注意＞資料は、集め、生かし、整理する。この3つが大切なポイント。

❶資料を選《えら》ぶ…学習に直接関係《ちょくせつかんけい》のある資料を、集めた資料の中から選び出す。

❷資料をまとめる…図やグラフなどにして、わかりやすくまとめる。
↳統計資料をわかりやすく表したもの（グラフ）

❸資料を保管《ほかん》する…集めた資料を整理し、保管する。
↳いつでも使えるように

❹資料をつくる…自分たちで資料をつくる。

最重要ポイント

いろいろな資料をくらべて、変化《へんか》やちがいなどを読み取る。

くわしい学習

●いろいろな資料の調べ方

・**インターネット**…けんさくサイトに、調べたいことのキーワードを入れてけんさくする。

▼インターネット

・**実際に行く**…見たことや聞いたことをメモに取る。気になったことや疑問《ぎもん》に思ったことについて質問する。

▼博物館

●いろいろなグラフ

●いろいろなグラフ…統計資料の内容がひと目でわかるように、いろいろなグラフがくふうされ、利用されている。

▼折《お》れ線グラフ〈キャベツのとれ高〉

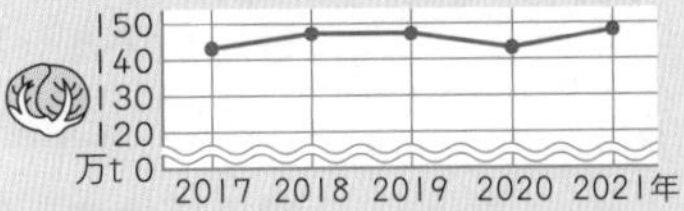

▼ぼうグラフ

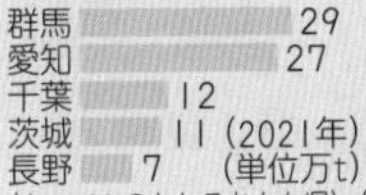

〈キャベツのとれるおもな県〉

▼円グラフ

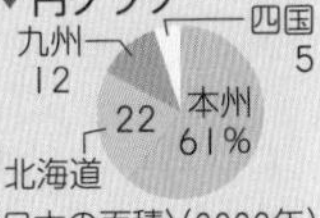

〈日本の面積〉(2022年)

帯《おび》グラフ▶

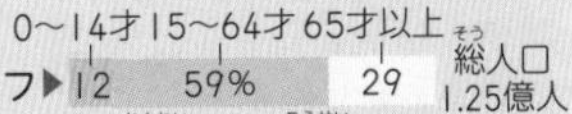

〈日本の年齢《ねんれい》別人口構成《こうせい》〉(2022年)

●インタビューのしかた…事前に質問する内容を決め、話を聞く時間が長くならないようにする。

●電話・メール…学校名や名前、何を調べているのかを伝《つた》え、お礼のことばをわすれない。

チェックテスト

① 調べる方法《ほうほう》には、図書館や博物館を利用するほかに、どんな方法がありますか。

② 資料をわかりやすくまとめるときには、何をつくりますか。

③ グラフの種類《しゅるい》には、どんなものがありますか。

④ インタビューの前には、何をしておけばよいですか。

答え

① インターネットで調べるなど

② 図やグラフなど

③ 円グラフ・ぼうグラフなど

④ 質問する内容を決めておく。

3 都道府県のようす (1)（7つの地方と北海道地方）

1 7つの地方に分ける

注意＞日本列島は4つの大きな島が中心。大きい順《じゅん》に本州《ほんしゅう》、北海道、九州、四国となる。

参考＞日本の47都道府県の位置は、20～21ページの地図を見てたしかめておこう。

参考＞北海道と沖縄県は海に囲《かこ》まれている。一方、海にまったく面していない県（内陸《ないりく》県）も8県ある。

❶**北海道《ほっかいどう》地方**…北海道、1道。

❷**東北《とうほく》地方**…青森《あおもり》県、岩手《いわて》県、宮城《みやぎ》県、秋田《あきた》県、山《やま》形《がた》県、福島《ふくしま》県の6県。

❸**関東《かんとう》地方**…茨城《いばらき》県、栃木《とちぎ》県、群馬《ぐんま》県、埼玉《さいたま》県、千《ち》葉《ば》県、東京都《とうきょうと》、神奈川《かながわ》県の1都6県。

❹**中部《ちゅうぶ》地方**…新潟《にいがた》県、富山《とやま》県、石川《いしかわ》県、福井《ふくい》県、山《やま》梨《なし》県、長野《ながの》県、岐阜《ぎふ》県、静岡《しずおか》県、愛知《あいち》県の9県。

❺**近畿《きんき》地方**…三重《みえ》県、滋賀《しが》県、京都府《きょうとふ》、大阪《おおさか》府、兵《ひょう》庫《ご》県、奈良《なら》県、和歌山《わかやま》県の2府5県。

❻**中国《ちゅうごく》・四国《しこく》地方**…中国地方の鳥取《とっとり》県、島根《しまね》県、岡《おか》山《やま》県、広島《ひろしま》県、山口《やまぐち》県と、四国地方の徳島《とくしま》県、香川《かがわ》県、愛媛《えひめ》県、高知《こうち》県。合計9県。

❼**九州《きゅうしゅう》地方**…福岡《ふくおか》県、佐賀《さが》県、長崎《ながさき》県、熊本《くまもと》県、大《おお》分《いた》県、宮崎《みやざき》県、鹿児島《かごしま》県と、遠くはなれた南の沖縄《おきなわ》県の8県。

最重要ポイント

日本には47都道府県《とどうふけん》があり、1都、1道、2府、43県からなる。

2 北海道地方

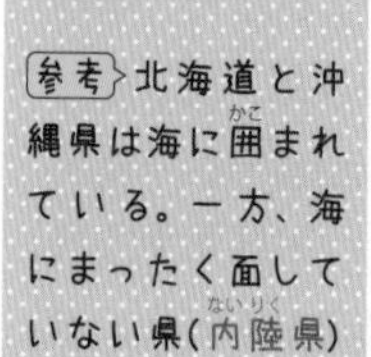

❶**道庁所在地《どうちょうしょざいち》**…札幌《さっぽろ》市。2月に行われるさっぽろ雪まつりが有名。

❷**自《し》　然《ぜん》**…長い冬はとても寒く、夏はすずしい。

❸**おもな特産物《とくさんぶつ》**…農業がさかん。根釧《こんせん》台地では広い牧場《ぼくじょう》でたくさんの乳牛《にゅうぎゅう》をかっている。漁業ではさけ、ほたて貝《がい》、こんぶなどがとれる。

↳じゃがいも、あずき、米などの生産が多い

↳牛乳やチーズをつくる

くわしい学習

●面積が大きい都道府県と小さい都道府県

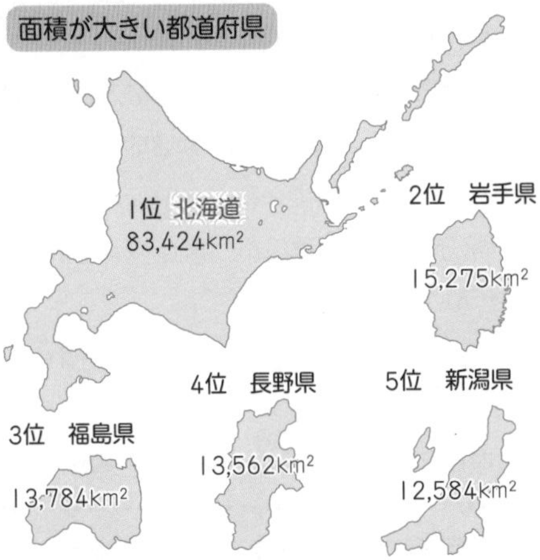

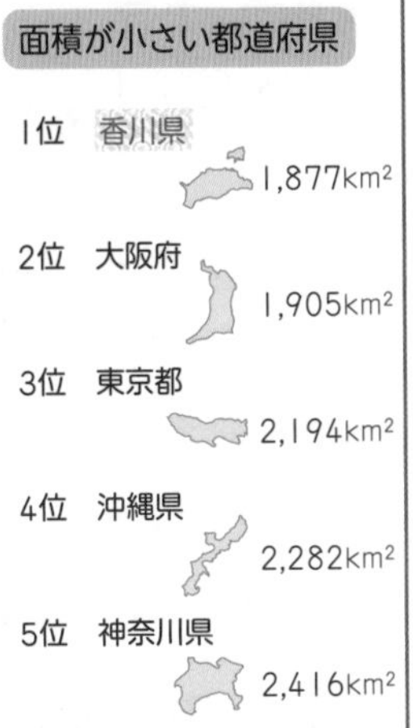

(北海道の数値《すうち》には北方領土《ほっぽうりょうど》をふくむ。)　(2022年)(2023/24年版「日本国勢図会」)

●人口が多い都道府県

順　位	都道府県	人口(千人)
1位	東京都	14,038
2位	神奈川県	9,232
3位	大阪府	8,782
4位	愛知県	7,495
5位	埼玉県	7,337

(2022年)　(2023/24年版「日本国勢図会」)

●人口が少ない都道府県

順　位	都道府県	人口(千人)
1位	鳥取県	544
2位	島根県	658
3位	高知県	676
4位	徳島県	704
5位	福井県	753

(2022年)　(2023/24年版「日本国勢図会」)

チェックテスト

① 日本の都道府県は、全部でいくつありますか。

② 北海道の道庁所在地はどこですか。

③ 日本で最《もっと》も面積が小さい都道府県はどこですか。

答え

① 47
② 札幌市
③ 香川県

4 都道府県のようす (2)（東北地方と関東地方）

1 東《とう》北《ほく》地方

❶青森県《あおもり》…県庁所在地《けんちょうしょざいち》は青森市。りんごの産地《さんち》。
↳生産量は日本一(2021年)

❷岩手県《いわて》…県庁所在地は盛岡《もりおか》市。南部《なんぶ》鉄器が有名。
↳伝統的工芸品

❸宮城県《みやぎ》…県庁所在地の仙台《せんだい》市は東北地方最大の都市。米が多くとれる。漁業では、かきの養《よう》しょくがさかん。

❹秋田県《あきた》…県庁所在地は秋田市。米が多くとれる。八郎潟《はちろうがた》をかんたくした。
↳1964年完成

❺山形県《やまがた》…県庁所在地は山形市。米が多くとれる。さくらんぼの生産量《せいさんりょう》は日本一。
↳2021年

❻福島県《ふくしま》…県庁所在地は福島市。ももの生産が多い。

2 関《かん》東《とう》地方

注意＞関東地方では、都県名と都県庁所在地の都市名がちがっているところが多い。また、茨城県は、読みは「いばらぎ」ではなく、「いばらき」で、「茨木県」はまちがい。

❶茨城県《いばらき》…県庁所在地は水戸《みと》市。レタスの産地。

❷栃木県《とちぎ》…県庁所在地は宇都宮《うつのみや》市。いちごの生産量は日本一。
↳2021年

❸群馬県《ぐんま》…県庁所在地は前橋《まえばし》市。高崎《たかさき》だるまが有名。高原でキャベツづくりがさかん。

❹埼玉県《さいたま》…県庁所在地はさいたま市。ねぎ、きゅうりなど野菜《やさい》の生産量が多い。

❺千葉県《ちば》…県庁所在地は千葉市。落花生《らっかせい》(ピーナッツ)や野菜の生産量が多い。

❻東京都《とうきょうと》…都庁所在地は東京。日本の首都。

❼神奈川県《かながわ》…県庁所在地は横浜《よこはま》市。中華街《ちゅうかがい》がある。

最重要ポイント

東北地方➔日本海側《がわ》で米づくりがさかん。

関東地方➔東京周辺《しゅうへん》では野菜の生産がさかん。

くわしい学習

●**ねぶた祭**（青森県）

●**竿燈《かんとう》まつり**（秋田県）

●**七夕《たなばた》まつり**（宮城県）

●**花笠《はながさ》まつり**（山形県）

●**日本の穀倉《こくそう》**…東北地方は「**日本の穀倉（米倉《こめぐら》）**」ともよばれ、米の生産量が多い。秋田平野、庄内《しょうない》平野（山形県）、仙台平野（宮城県）を中心に生産されている。

●**東　京**…23の特別区《とくべつく》からなる。そのうち**新宿区**に、都庁が置《お》かれている。

チェックテスト

① りんごの生産量が日本一多い（2021年）都道府県は、どこですか。

② 東北地方最大の都市があり、かきの養しょくがさかんなのは、何県ですか。

③ 日本の首都はどこですか。

答え

① 青森県
② 宮城県
③ 東　京

5 都道府県のようす (3)（中部地方と近畿地方）

1 中部地方

参考 中部地方はさらに、北陸《ほくりく》(新潟県、富山県、石川県、福井県)、中央高地(山梨県、長野県、岐阜県北部)、東海《とうかい》(静岡県、愛知県、岐阜県南部)に分けられる。

❶新潟県《にいがた》…県庁所在地《けんちょうしょざいち》は新潟市。米の生産量《せいさんりょう》が日本一。
コシヒカリ↵　2022年↵

❷富山県《とやま》…県庁所在地は富山市。チューリップのさいばいがさかん。

❸石川県《いしかわ》…県庁所在地は金沢《かなざわ》市。輪島塗《わじまぬり》が有名。

❹福井県《ふくい》…県庁所在地は福井市。越前《えちぜん》がにが有名。

❺山梨県《やまなし》…県庁所在地は甲府《こうふ》市。もも、ぶどうの生産量が日本一。
↳2021年

❻長野県《ながの》…県庁所在地は長野市。りんご、ぶどうの生産がさかん。

❼岐阜県《ぎふ》…県庁所在地は岐阜市。美濃《みの》和紙が有名。

❽静岡県《しずおか》…県庁所在地は静岡市。茶《ちゃ》、みかんの産地。

❾愛知県《あいち》…県庁所在地は名古屋《なごや》市。車の生産がさかん。

2 近畿《きんき》地方

❶三重県《みえ》…県庁所在地は津《つ》市。茶の生産量が多い。

❷滋賀県《しが》…県庁所在地は大津《おおつ》市。琵琶湖《びわこ》が有名。
↳日本一広い

❸京都府《きょうとふ》…府庁所在地は京都市。昔の日本の都《みやこ》。

❹大阪府《おおさか》…府庁所在地は大阪市で、西日本の中心。

❺兵庫県《ひょうご》…県庁所在地は神戸《こうべ》市。国際貿易港《こくさいぼうえきこう》がある。

❻奈良県《なら》…県庁所在地は奈良市。林業がさかん。
↳吉野すぎ

❼和歌山県《わかやま》…県庁所在地は和歌山市。うめ、みかん、かき(柿)の生産量が日本一。
↳2021年

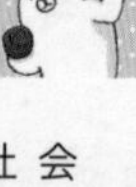

最重要ポイント

中部地方➔北陸、中央高地、東海に分けられる。

近畿地方➔京都、奈良などは昔の日本の都。

くわしい学習

●中部地方を3つに分ける

- **北陸地方**…日本海に面しており、冬に雪がたくさん積《つ》もり、農業ができないので、夏の米づくりや**伝《でん》統《とう》工業**がさかんになった。
- **中央高地**…内陸《ないりく》の高地にあり、夏は暑く冬は寒い。雨の量が1年を通してとても少ない。
- **東海地方**…**太平洋**側《がわ》にあり、夏に雨が多く、冬は雨が少ない。

●京阪神《けいはんしん》…近畿地方の中央部で、大都市が集まっている。京＝京都、阪＝大阪、神＝神戸を1つにまとめたよび方。京都は古都、大阪は商業がさかん、神戸には大きな貿易港があり、それぞれに特色《とくしょく》がある。

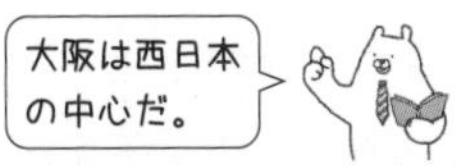

●かき(柿)食《く》えばかねがなるなり法隆寺《ほうりゅうじ》…明治《めいじ》時代に、正岡子《まさおかし》規《き》という人がつくった俳句《はいく》。奈良県にある法隆寺は、げんざいある世界最古《さいこ》の木造建築《もくぞうけんちく》で、**世界文化遺産《いさん》**に登録《とうろく》されている。

●日本の三大都市圏《けん》…関東《かんとう》地方の東京《とうきょう》、近畿地方の大阪、中部地方の名古屋の周辺《しゅうへん》で、人口が多く、経済《けいざい》の中心となっている。人口の多い都市は、順《じゅん》に、東京、横浜《よこはま》市、大阪市、名古屋市（2022年）。

チェックテスト

① 中部地方に区分される石川県、山梨県、愛知県の県庁所在地の都市は、それぞれどこですか。

② 近畿地方に区分される三重県、滋賀県、兵庫県の県庁所在地の都市は、それぞれどこですか。

③ 西日本の中心都市は、どこですか。

答え

① （順に）金沢市、甲府市、名古屋市

② （順に）津市、大津市、神戸市

③ 大阪市

6 都道府県のようす（4）（中国・四国地方と九州地方）

1 中国《ちゅうごく》・四国《しこく》地方

❶**鳥取県《とっとり》**…県庁所在地《けんちょうしょざいち》は**鳥取**市。鳥取砂丘《さきゅう》が有名。

❷**島根県《しまね》**…県庁所在地は**松江《まつえ》**市。しじみがよくとれる。

❸**岡山県《おかやま》**…県庁所在地は**岡山**市。ぶどう、ももの産地《さんち》。

マスカット↵

❹**広島県《ひろしま》**…県庁所在地は**広島**市で、**原《げん》ばくドーム**があり、中国地方最大の都市。かきの養《よう》しょくがさかん。

❺**山口県《やまぐち》**…県庁所在地は**山口**市。ふぐが有名。

❻**徳島県《とくしま》**…県庁所在地は**徳島**市。阿波《あわ》おどりが有名。

❼**香川県《かがわ》**…県庁所在地は**高松《たかまつ》**市。さぬきうどんが有名。

❽**愛媛県《えひめ》**…県庁所在地は**松山《まつやま》**市。みかんの生産《せいさん》が多い。

❾**高知県《こうち》**…県庁所在地は**高知**市。なすの産地。

↳冬につくる

2 九州《きゅうしゅう》地方

参考 沖縄県は太《たい》平洋戦争《へいようせんそう》のとき、多くの県民《けんみん》がぎせいになった。一時、アメリカ軍《ぐん》がせんりょうしていた。げんざいもアメリカ軍基地《きち》が残《のこ》っており、問題となっている。

❶**福岡県《ふくおか》**…県庁所在地は**福岡**市で、九州地方最大の都市。博多《はかた》どんたくが有名。

↳5月に行われる祭り

❷**佐賀県《さが》**…県庁所在地は**佐賀**市。のりの養しょくがさかん。

❸**長崎県《ながさき》**…県庁所在地は**長崎**市。多くの島がある。

❹**熊本県《くまもと》**…県庁所在地は**熊本**市。トマトの産地。

❺**大分県《おおいた》**…県庁所在地は**大分**市。温泉《おんせん》が多い。

❻**宮崎県《みやざき》**…県庁所在地は**宮崎**市。ピーマンの産地。

冬につくる↵

❼**鹿児島県《かごしま》**…県庁所在地は**鹿児島**市で、**桜島《さくらじま》**がある。

↳活火山

❽**沖縄県《おきなわ》**…県庁所在地は**那覇《なは》**市。とてもあたたかい気《き》候《こう》で、パイナップルやさとうきびがつくられている。

最重要ポイント

中国·四国地方➔瀬戸内海沿岸《せとないかいえんがん》は産業が発達《はったつ》。

九州地方➔あたたかい気候をいかした農業。

くわしい学習

●**原ばくドーム**…太平洋戦争の終わりごろ、アメリカ軍が**広島市**と**長崎市**に原ばく(原子《げんし》ばくだん)を落とし、多くの人がなくなった。広島市の原ばくドームは、戦争の悲《ひ》さんさを伝え、今後、同じことがおこらないよう世界文化遺産《いさん》になった。

●**中国・四国地方を３つに分ける**

中国・四国地方は、中国山地の北側を**山陰**《さんいん》、瀬戸内海《せとないかい》に面した地方を**瀬戸内**《せとうち》、四国山地の南側を**南四国**と、３つの地方に分けることがある。

●**沖縄県の文化**…古くから中国や東南アジアとの交流がさかん。独《どく》特《とく》の文化をもつ。昔は琉球《りゅうきゅう》とよばれた。

・あたたかい気候をいかして、パイナップルやさとうきびをつくっている。**ゴーヤチャンプルー**(にがうりのいためもの)などの食べ物がある。

・台風がよく通るので、屋根を低《ひく》くし、かわらをしっくいでかためている。伝統的な家屋には、屋根や門の上に、

まよけの**シーサー**の焼《や》き物がおいてある(上の写真)。

・独特のことば(**ウチナーグチ**)が多く残《のこ》っているが、最近《さいきん》は本土のことばが広まっている。

・三線《さんしん》という楽器《がっき》を使う民《みん》ようがさかん。**琉球びんがた**は伝統的工芸《でんとうてきこうげい》品《ひん》となっている。

チェックテスト

① 太平洋戦争の終わりごろ原ばくのひ害《がい》を受けたのは、何市と何市ですか。

② あたたかい気候をいかして、冬になすなどの夏野菜《やさい》をつくっているのは、四国地方の何県ですか。

③ 昔は琉球とよばれ、独特の文化をもっているのは、何県ですか。

答え

① 広島市、長崎市
② 高知県
③ 沖縄県

47 都道府県と特産物

プラスα

　それぞれの地域《ちいき》や気候《きこう》に合った産業《さんぎょう》がさかん。独特《どくとく》の名前がついたブランド米などもつくられている。

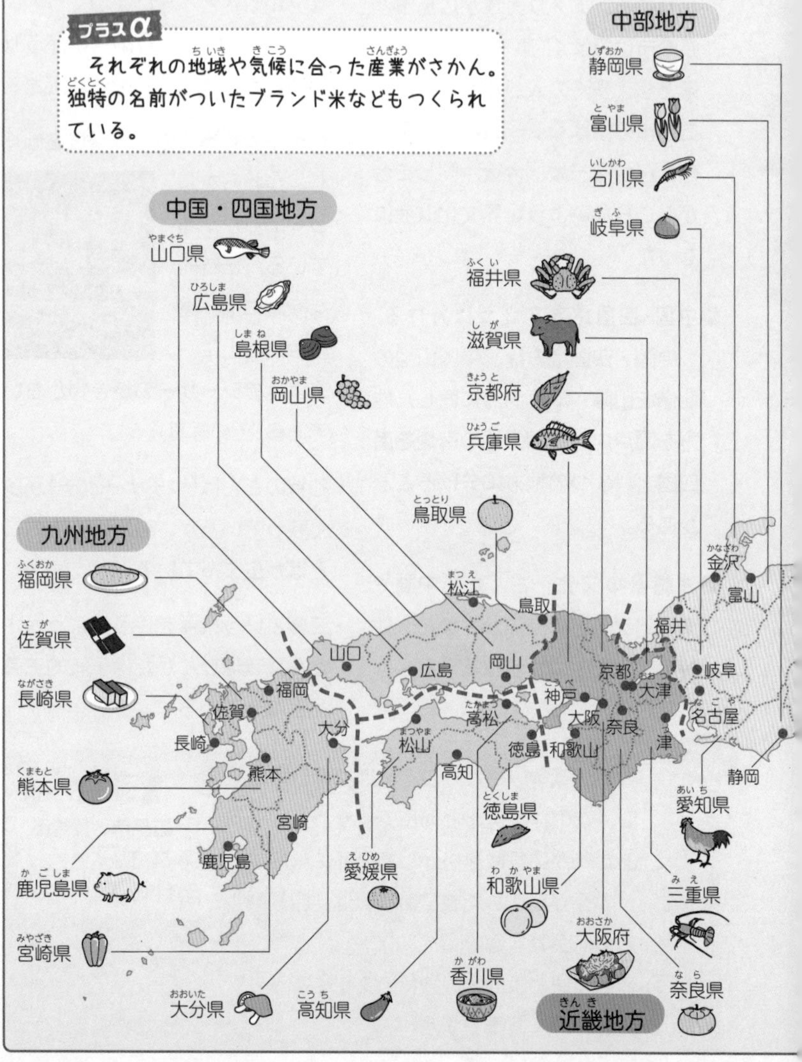

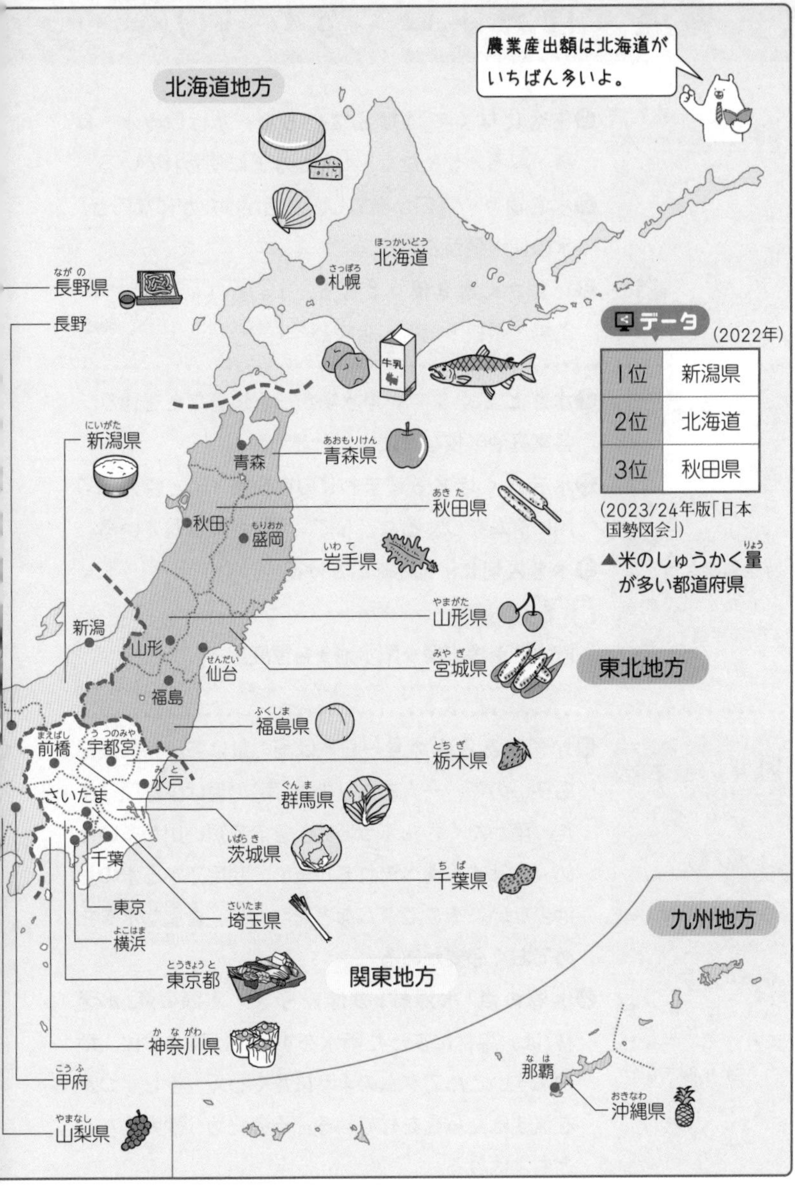

データ (2022年)

1位	新潟県
2位	北海道
3位	秋田県

(2023/24年版「日本国勢図会」)

▲米のしゅうかく量《りょう》が多い都道府県

7 健康で住みよいくらし(1)(水はどこから)

1 生活と水

❶**生活になくてはならないもの**…水は飲み水・食事・ふろ・せんたく・トイレなどに使われている。

❷**水を使う**…人口が増加《ぞうか》し、生活がゆたかになると、水の使用量《りょう》がふえる。

❸**たくさん水を使うところ**

工場・学校・病院・店など。

↳給食やそうじなど

2 水道を引く

注意 きれいな飲み水をとどけるのは上水道で、家庭や工場から出たよごれた水が流れるのは下水道という。

❶**水がとどくまで**…**浄水場《じょうすいじょう》**から水道管《かん》などを通り、各《かく》家庭や学校などに水がとどく。

❷**水をかくほする**…まわりの市や県・国と協力《きょうりょく》して、川に**ダム**をつくるなどして、水をかくほしている。

❸**水を大切に**…節水《せっすい》を心がける。

最重要ポイント

貯水池《ちょすいち》➡**浄水場**➡配水池➡各家庭。

3 水の量と水《すい》源《げん》の森(水源林)

注意 森林は、水を地中にたくわえるだけでなく、木の根で土やすなを流れにくくするというはたらきもしている。

❶**かぎりある水の量**…日本は雨の量は多いが、人口も多いので、一人あたりの水(雨)の量は**少ない**。また、雨がたくさんふっても、急流で短い川が多いため、水はすぐ海へ流れてしまい、利用《りよう》できる水の量は少ない。そこで**ダム**などをつくり、**貴重《きちょう》な水をためておく必要《ひつよう》がある**。

↳洪水を防いだり、水力発電に利用できる

❷**水源の森(水源林)のはたらき**…**水源の森(水源林)**は、森林にふった雨水をすぐには流さずに、地中にすいこんでダムのようにたくわえ、少しずつ水を流すはたらきをしている。そのため「**緑のダム**」ともよばれる。

くわしい学習

●水がとどくまで

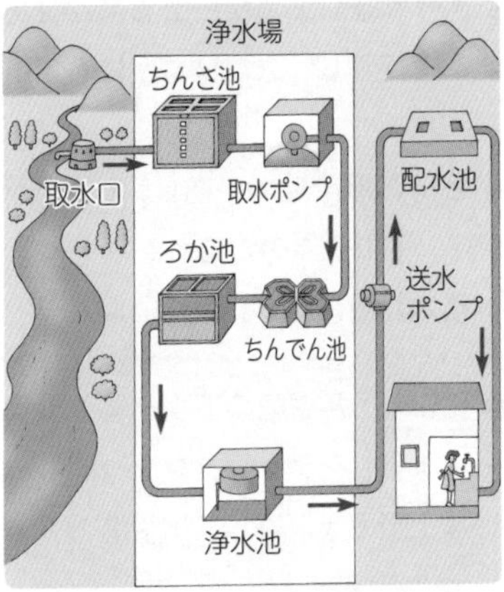

●ちんでん池…薬で水の中の細かいごみをかため、底《そこ》にしずめる。

●ろか池

にごっている水を、すなとじゃりの間を通してこす。

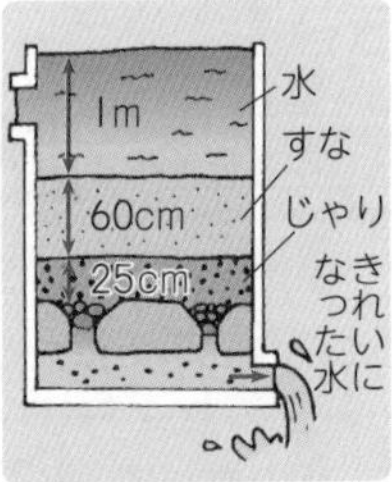

●浄水池…塩素《えんそ》という薬を入れて消毒《しょうどく》したきれいな水を、配水池に送る前にためておく。

●配水池…きれいになった水をためて、計画的《てき》に送り出す。

●高度浄水処理《しょり》…浄水場には、新しく**オゾン処理**や**活性炭《かっせいたん》処理**を加《くわ》えて、かびくささなどを少なくするようにしているところもある。

●水源の森(水源林)

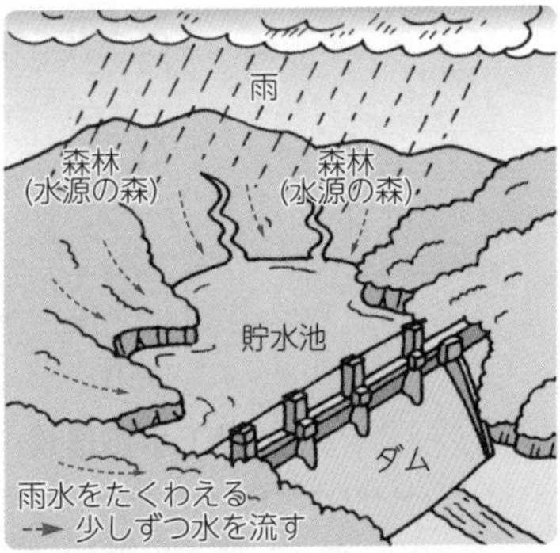

チェックテスト

① 川などからとり入れた水をきれいにするしせつを何といいますか。

② ふった雨を一度に海へ流さずに、川のと中でためるしせつは何ですか。

③「緑のダム」ともよばれる森林を何といいますか。

答え

① 浄水場

② ダム

③ 水源の森(水源林)

8 健康で住みよいくらし（2）（水はどこへ）

1 下水道とは

❶下水道のはたらき…家庭や工場から出るよごれた水を１か所にまとめて処理《しょり》し、**きれいな水**にして川や海にもどす。

❷下水道ができると…㋐**感染症**《かんせんしょう》の予防《よぼう》(はえやかが発生しにくくなる)。㋑川や海のよごれをふせぐ。㋒雨がふっても、雨水が道にあふれにくい。

2 下水処理のしくみ

❶下水のたどる道すじ…①各《かく》家庭の下水→②下水管《かん》→③ちんでん池→④エアレーションタンク→⑤ちんでん池→⑥きれいな上《うわ》澄《ず》みを消毒《しょうどく》して川や海へ

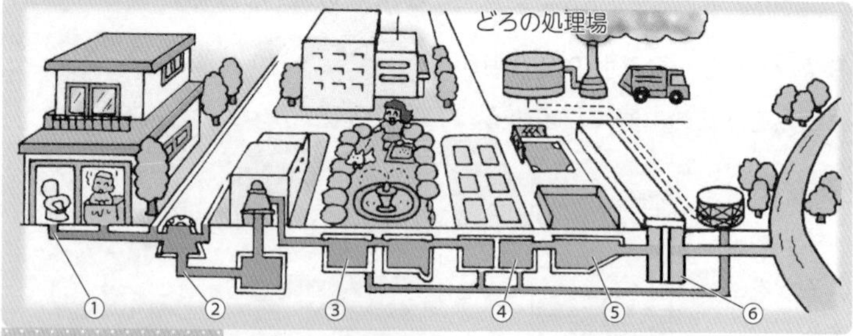

❷下水処理場…下水処理作業を行うところ。

3 水をむだにしないくふう

❶水の節約《せつやく》(**節水**《せっすい》)…水のむだ使いをしない。

❷水の再利用《さいりよう》…水をくり返し使う。

❸水の再生《さいせい》**利用**…**下水をきれいな水**(**再生水**)にして、もう一度使う。
トイレ用水や公園の噴水など↲

最重要ポイント

水はかぎりある資源《しげん》➔大切な水をくり返し使うくふうが必要。

くわしい学習

●**下水管**…下水を下水処理場や浄化センターまで送る**パイプの役割《やくわり》**をするもの。家庭から出る管《くだ》は細いが、下水処理場に近くなるほど太くなっている。地下にうめられ、あみの目のようにはりめぐらされている。

●**ちんでん池**…下水の中のどろやごみをしずませるところ。

●**エアレーションタンク**…**下水によごれを食べる微《び》生物《せいぶつ》が入ったどろ**をまぜ、空気を入れてかきまわすタンク。ここでできた大きなどろの固《かた》まりを、もう一度ちんでん池でしずめる。

●**市や県の協力《きょうりょく》**…同じ川筋《かわすじ》にそった市町村の下水を１か所にまとめて、こうりつよく処理する方法《ほうほう》が進められている。このやり方を**流《りゅう》域《いき》下水道**という。

●**下水道の役割**…健康《けんこう》なくらしに役立つ。

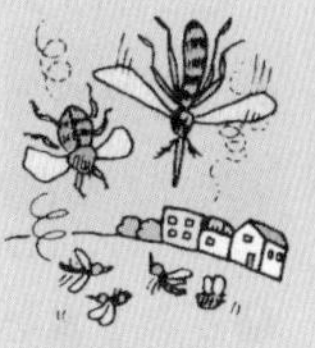

害虫《がいちゅう》をふせぐ

川のよごれをふせぐ

●**下水の再利用**

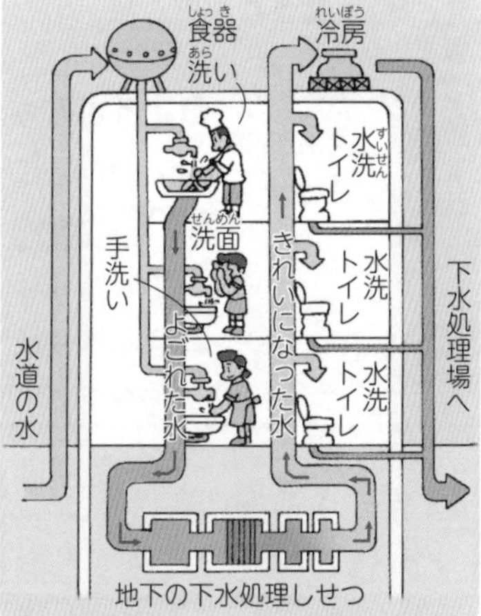

チェックテスト

① 下水をきれいにするしせつは何ですか。
② 下水をきれいにして、もう一度使用する水を何といいますか。
③ 下水を送るパイプの役割をするものを何といいますか。

答え

① 下水処理場
② 再生水
③ 下水管

9 健康で住みよいくらし (3)（ごみの処理）

1 ごみの量《りょう》と種類《しゅるい》

❶**ごみの量**…一年間に約《やく》4,095万tの家庭から出るごみのうち、約20%が**リサイクル**されている。

↱東京ドーム約110杯分　↳2021年　↳紙くずや野菜くずなど

❷**ごみ処理《しょり》の問題**…ごみの量がふえると、ごみ処理にかかるお金がふえ、新しい処分場が必要になる。

2 ごみのゆくえ

注意 全国の清そう工場で、ごみを燃やしたときに出る、体に悪いダイオキシン対策《たいさく》が、たてられている。

❶**ごみを集める**…ごみを出す場所と日時を決めて、**燃《も》えるごみ・燃えないごみ・資源《しげん》ごみ・粗大《そだい》ごみ**などに分けて市町村の役所の**収集《しゅうしゅう》車**が集める。

↳パッカー車

❷**燃えるごみのゆくえ**…清そう工場へ持っていき、高温で焼《や》く。燃えかすは処分場へ。

❸**資源ごみのゆくえ**…ペットボトルやプラスチック・かん・びんなどは**再生《さいせい》工場**でリサイクルする。

最重要ポイント

ごみは、燃えるごみ、燃えないごみ、資源ごみ、粗大ごみなどに分別《ぶんべつ》される。

3 清そう工場のしくみ

参考 清そう工場はクリーンセンターともいう。

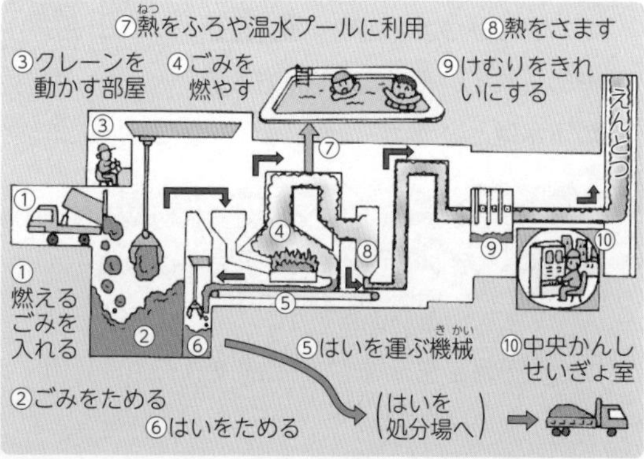

くわしい学習

●**ごみの分別**…ごみを種類ごとに分けること。ごみの分別をすると、ごみの収集や処理がしやすくなり、リサイクルにも回しやすく、ごみの量をへらすことにつながる。

●**家電リサイクル法《ほう》**…これまで市町村が大型《おおがた》ごみとして集めていた**冷蔵《れいぞう》庫・エアコン・せんたく機《き》・テレビ**は2001年から、**薄型《うすがた》テレビと衣類《いるい》かんそう機**は2009年から特別《とくべつ》にリサイクルすることになった。これらの製品《せいひん》が不用になったときは、はん売店などに手《て》数料《すうりょう》をはらって引きとってもらう。引きとられた製品はメーカーの再生工場に運ばれ、プラスチック・アルミニウム・銅《どう》・鉄《てつ》などをとり出して再生利用《りよう》(リサイクル)されるようになっている。

●**はいの利用**…清そう工場から出るはいを処理するところが足りなくなっているが、最近《さいきん》は、はいを**れんが**にしたり、**道路のほそうの材料《ざいりょう》(スラグ)**にしたりしている。

●**熱の利用**…ごみを焼くときに出る熱を、いろいろなところに利用している。下の絵の㋐〜㋒は、熱で湯をわかしたり、だんぼうに使っているところ。㋓は電気をおこして、清そう工場の中で使ったり、電力会社に送っているところ。

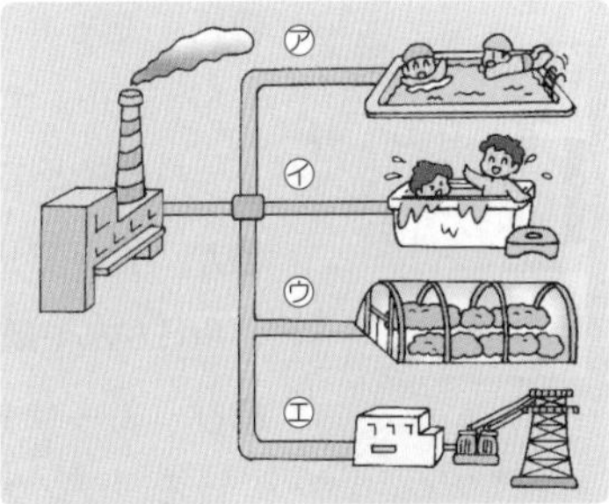

チェックテスト

① ごみを引きとり、処理するのはおもにどこがしますか。

② リサイクルのために、ごみを種類別に分けて出すことを、何といいますか。

③ 資源ごみには、どんなものがありますか。

答え

① 市町村の役所
② 分　別
③ プラスチックやペットボトル・かん・びんなど

10 健康で住みよいくらし(4)(ごみをへらす)

1 ごみをへらす

参考 リデュース、リユース、リサイクルにリフューズを加えた4Rの取り組みが進められている。リフューズとは「ことわる」という意味。例えば、不要なものを買わない、マイバッグを持参してレジ袋をことわるなど。

❶ごみをへらす(リデュース)

㋐スーパーマーケットや商店などでの買い物には、買い物ぶくろ(エコバッグ)を持っていく。

㋑品物を二重・三重につつむ、**かじょう包装《ほうそう》**をやめるようにする。

㋒生ごみ処理機《しょりき》を使い、生ごみをへらす。

❷ごみにせず、くり返し使う(リユース)

㋐シャンプーなどは、容器《ようき》に入った**使いすて**のものから、**つめかえ用**のものにする。

㋑使わなくなった家具や服などは、**フリーマーケット**やリサイクルショップに出す。

2 ごみの再生《さいせい》利用《りよう》(リサイクル)

注意 ごみをリサイクルすることは、ごみの量《りょう》をへらすだけでなく、自然《しぜん》を守り、資源《しげん》やエネルギーの節約《せつやく》にもなる。

❶紙…だんボール、新聞、ざっしなどに分ける。だんボール、ざっし、電話帳、週刊誌《しゅうかんし》、トイレットペーパーなどに再生利用(リサイクル)される。

❷か　ん…アルミかん、スチールかんに分ける。アルミかんや建築材料《けんちくざいりょう》に再生利用される。

❸び　ん…リターナブルびんとワンウェイびんに分
↳くり返し使う　↳使いすて
ける。ワンウェイびんはガラス、タイルや道路の材料、ビールびんに再生利用される。

❹ペットボトル→洋服

❺てんぷら油→自動車のリサイクル燃料《ねんりょう》

最重要ポイント

かんきょうの4R《アール》➔リフューズ、リデュース、リユース、リサイクル

くわしい学習

●**生ごみ処理機**…コンポストともいい、台所から出る食べ物の残り物などの生ごみを肥料《ひりょう》にするための機械《きかい》。ごみをへらすため、市町村でかしだしたり、買った人には、費用《ひよう》の一部を援助《えんじょ》している市町村もある。

●**かんきょうの 4R**

リフューズ ごみになるものをことわる	リデュース ごみそのものをへらす
リユース 何回もくり返し使う	リサイクル 分別して再《ふたた》びしげんとして利用《りよう》する

●**リサイクルのマーク**

●**容器包装《ほうそう》リサイクル法**…海洋ごみのプラスチックごみをへらすことなどを目的に 2020 年7月から、レジぶくろが有料化された。マイバッグの利用が推進《すいしん》されている。

●**フードドライブ**…家庭で余った食品を集めてしえんが必要な人へとどける取り組み。大切な食品をむだにしないことにつながっている。

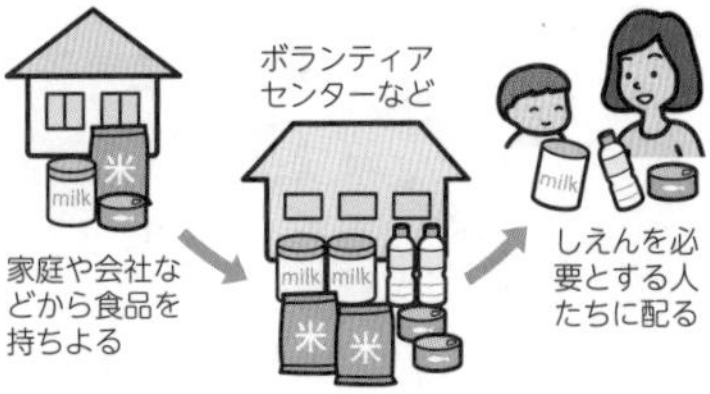

●**自動車**…動かなくなってすてるときに、たくさんの部品がリサイクルやリユースできるよう、あらかじめ考えてつくられている。すてるごみがまったくないようにする「**ごみゼロ**」が目標《もくひょう》となる。

チェックテスト

① 使わなくなった服や家具をごみにせず、リユースをはかるには、どうすればよいですか。

② 買い物のとき、ごみを少なくするには、どうすればよいですか。

答え

① フリーマーケットやリサイクルショップに出す。

② マイバッグを持っていくなど。

11 自然災害から人々を守る (1)（さまざまな自然災害）

1 自然災害《しぜんさいがい》

注意 自然災害はいつ、どこでおこるかわからない。どこで、どんな自然災害がおこったかを知っておこう。

❶**自然災害**…自然のできごとが、人の命や、くらしに大きなひ害をもたらすこと。

❷**地《じ》　震《しん》**…大きなゆれがおこり、ビルや家がたおれたり、火災《かさい》がおきたりして、大きなひ害が出る。津波《つなみ》がおこることもある。

↳大きな波がおしよせる

❸**風水害**…台風や**梅雨《つゆ》**などの大雨で、川の水があふれたり、**がけくずれ**や、**土石流《どせきりゅう》**がおこったりする。

梅雨：6月ごろから7月にかけて雨の日が続く

台風：夏から秋にかけて発生

↳川の大きな石や土砂が一気に流されてくる

❹**その他の災害**…火山のふん火や、雪害《せつがい》など。

↳大雪による災害

最重要ポイント

日本は、自然災害が多い国である。

2 災害にそなえる（家庭）

注意 わたしたち一人一人が防災について考えることが大切。

❶**家族防災会議《ぼうさいかいぎ》を開く**…家族それぞれが、どこにいるときに災害がおこるかわからないので、次のことなどを話し合っておく。

㋐家のどこがいちばん安全か。

㋑家があぶない場合にどこにひなんするか。

㋒どの道を通って**ひなん場所**に行くか。

㋓電話やメールが使えないとき、どうやって連《れん》らくするか。

❷**じゅんびをする**…ひじょう持ち出しぶくろのじゅんび，家具の転とう防止などをする。

最重要ポイント

自分たちができる災害対策《たいさく》を考えておこう。

くわしい学習

●近年の地震

年　月	地震名	きぼ（M）	死者・行方《ゆくえ》不明者《ふめいしゃ》（人）	こわれた家（戸）
1995年1月	阪神《はんしん》・淡路大震災《あわじだいしんさい》	7.3	6,437	104,906
2004年10月	新潟県中越《にいがたけんちゅうえつ》地震	6.8	68	3,175
2008年6月	岩手《いわて》・宮城内陸《みやぎないりく》地震	7.2	23	30
2011年3月	東日本大震災	9.0	22,152	121,776
2016年4月	熊本《くまもと》地震	7.3	249	8,674
2018年9月	北海道胆振東部地震	6.7	43	15,978

※きぼをしめす「M」はマグニチュード。　（消防庁など）

●ひじょう持ち出しぶくろに入れるもの

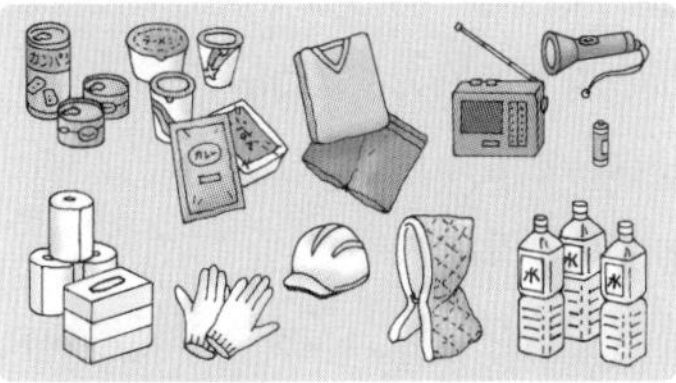

自分用に無理《むり》なく持てる重さのものを用意し、すぐ持ち出せるところに置《お》いておく。また、家族でだれが何を持ち出すかも決めておく。

●災害用伝言《でんごん》ダイヤル…大きな災害がおこると、電話をかける人がふえて、電話がつながりにくくなる。そのとき、「171」をダイヤルして、**伝言を残《のこ》しておいたり、伝言を聞いたり**することができるシステム。

●注意報《ほう》・警報《けいほう》…気象庁《きしょうちょう》が、大雨や暴風《ぼうふう》などで自然災害が発生するおそれがある場合に発表する。ひなんをよびかけることもある。

チェックテスト

① 地震がおきたとき、ひきおこされることがある大きな波を何といいますか。

② 夏から秋にかけて日本に大雨や強風をもたらすものを何といいますか。

③ 2011年3月に大きなひ害を出した災害を何といいますか。

答え

① 津《つ》波《なみ》

② 台風

③ 東日本大震災

12 自然災害から人々を守る (2)（災害への取り組み）

1 地域《ちいき》や学校で

❶**ひなん訓練《くんれん》**…学校や地域で行う。

❷**自主防災隊《ぼうさいたい》**…自分たちの町を、自分たちで守るための組織《そしき》をつくる。

❸**声かけ**…日ごろから、近所の人と声をかけあう。

2 市町村や県・国で

❶**強い町をつくる**…津波《つなみ》にそなえて、外からの波をふせぐ防波《ぼうは》ていや、救助《きゅうじょ》や救えんがしやすいような道路、きけんや**ひなん場所**を知らせる**標《ひょう》しき**などをつくる。

❷**防災計画を立てる**…自然災害《しぜんさいがい》がおきたときにどのように対おうするかなどを、前もって決めておく。

㋐消防《しょうぼう》や警察《けいさつ》とどのように協力《きょうりょく》するか。

㋑市民《しみん》をどこにひなんさせるか。

㋒どのようにじょうほうを伝《つた》えるか。

㋓**ハザードマップ**をつくり、すべての家庭に配る。

❸**自衛隊《じえいたい》**…大きな災害が発生したときは、救助・救えんをいらいする。
（↳1954年につくられた）

参考＞ハザードマップとは、想定される災害やひなん場所の位置《いち》をしめす地図。

3 地震《じしん》がおきたとき

❶**自分の身を守る**…ゆれがおさまるまで、安全な場所にいる。

❷**火の始末《しまつ》**…ゆれがおさまったら、火を消す。

❸**ひなんする**…いる場所があぶない場合は、注意をしながらひなん場所へ行く。

❹**家族からの連《れん》らくを待つ**

参考＞津波のひなんビルをしめす標しき

最重要ポイント

自分の身の安全を第一に考える。

くわしい学習

●災害がおきたときの市の連らくけい路

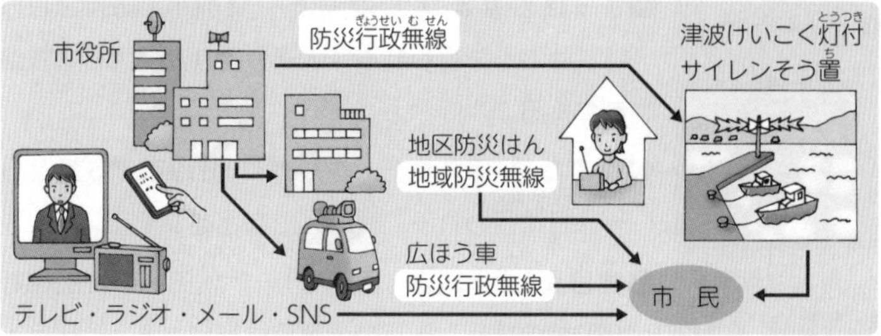

●減災《げんさい》のために…災害によるひ害をできるだけ少なくする(**減災**)ためには、「自助」・「共助《きょうじょ》」・「公助」の3つが必要《ひつよう》である。

- 「**自助**」…自分自身や家族の命を守るために、一人一人が自ら防災に取り組むこと。
- 「**共助**」…近所や地域の人たちと協力して、助け合うこと。
- 「**公助**」…役所や消防、警察、自衛隊などが取り組むこと。

●自衛隊…1954 年につくられた、国の平和と国民の安全を守るための組織。陸上《りくじょう》・海上・航空《こうくう》の3つの部隊《ぶたい》からなっている。災害がおきたときには、その地域で、人々のためにさまざまな活動を行っている。

- 災害にあった人たちを助ける。
- 行方不明《ゆくえふめい》の人をさがす。
- 必要な飲み物や食料《しょくりょう》をとどける。
- 通れなくなった道をなおす。

チェックテスト

① 自分の身は自分で守るという取り組みを何といいますか。

② 想定される自然災害やひなん場所をしめした地図を何といいますか。

③ 1954 年につくられた、災害のときなどに救えん活動を行う国の組織を何といいますか。

答え

① 自助
② ハザードマップ
③ 自衛隊

13 受けつがれる祭りや文化財

1 各《かく》地方の有名な祭り

参考 古くから受けつがれてきた文化を伝統《でんとう》文化といい、祭りや伝統芸《げい》能《のう》・伝統的工芸品《てきこうげいひん》・年中行事などがある。

❶**さっぽろ雪まつり**（北海道《ほっかいどう》）…札幌《さっぽろ》市で毎年2月のはじめごろに行われる。大通公園などに大きな雪像《せつぞう》をつくる。

❷**ねぶた祭**（東北《とうほく》地方・青森《あおもり》県）…**青森市**で8月2日～7日に行われる。武者《むしゃ》人形などをつくる。
↳東北四大祭りのひとつ
↳竹や木に紙をはってつくる

❸**神田《かんだ》祭**（関東《かんとう》地方・東京都《とうきょうと》）…千代田区の**神田神社**（**明神《みょうじん》**）の祭り。5月の土曜日に行われる。
↳天下祭ともよばれる

❹**祇園《ぎおん》祭**（近畿《きんき》地方・京都府《きょうとふ》）…京都市の**八坂《やさか》神社**の祭り。7月1日～31日に行われる。**山ほこ巡行《じゅんこう》**などが有名。

❺**天神《てんじん》祭**（近畿地方・大阪《おおさか》府）…大阪市の**大阪天満宮《てんまんぐう》**の祭り。6月末～7月25日に行われる。**船渡御《ふなとぎょ》**が有名。
みこしを船に乗せ、川をわたる↲

最重要ポイント

日本三大祭り➔東京の神田祭・京都の祇園祭・大阪の天神祭

2 有名な文化《ぶんか》財《ざい》

参考 銀《ぎん》閣《かく》は、京都の東山《ひがしやま》に、室町幕府8代将軍の足利義政《よしまさ》が建てた。

❶**日光東照宮《にっこうとうしょうぐう》**（栃木《とちぎ》県）…江戸幕府《えどばくふ》を開いた**徳川家康《とくがわいえやす》**をまつる神社。1999年、世界文化遺産《いさん》に登録《とうろく》された。

❷**法隆寺《ほうりゅうじ》**（奈良《なら》県）…607年、**聖徳太子《しょうとくたいし》**が建《た》てたと伝《つた》えられる。今ある建物《たてもの》のうち、**世界でいちばん古い木造建築《もくぞうけんちく》**。1993年、世界文化遺産に登録された。

❸**金《きん》　閣《かく》**（京都府）…室町《むろまち》幕府3代将軍《しょうぐん》、**足利義満《あしかがよしみつ》**が建てた別荘《べっそう》。建物の一部には、金ぱくがはられており、1994年、世界文化遺産に登録された。
↳京都の北山にある

くわしい学習

●神田祭

●日光東照宮

●祇園祭

●金　閣

●**年中行事**…古くから毎年同じ時期に各地で行われる行事。作物の豊作《ほうさく》や人々の健康《けんこう》を願《ねが》う気持ちがこめられている。

1月	2月	3月	4月	5月	6月	7月	8月	9月	10月	11月	12月
正月・初《はつ》もうで	節分《せつぶん》	ももの節句《せっく》	お花見	端午《たんご》の節句		七夕《たなばた》	お盆《ぼん》	お月見	秋祭り	七五三	大みそか

チェックテスト

① 東京で行われる日本三大祭りは何ですか。

② 聖徳太子が建てたといわれる、今ある世界でいちばん古い木造の建物は何ですか。

③ 足利義満が京都に建てた別荘は何ですか。

答え

① 神田祭
② 法隆寺
③ 金閣

14 地域の発展につくした人々 (1)(土地を開く)

1 開たく (開こん)

参考 泥炭地とは、寒冷なため、かれた草が分解《ぶんかい》されないでできた土地。

❶**開たく**…作物のつくられていない原っぱや、山の斜面《しゃめん》などの荒《あ》れ地を切り開いて田畑にする。

❷**泥炭地《でいたんち》**…北海道《ほっかいどう》に多い。客土《きゃくど》で田畑にする。
↳石狩平野など

❸**火山灰《かざんばい》地**…台地に多い。かんがいで畑にする。
シラス台地↲　↳植林や水かけなど

❹**砂《さ》　丘《きゅう》**…日本海側《がわ》に多い(越後《えちご》平野の砂丘・鳥取《とっとり》砂丘)・かんがいのくふう→砂丘を緑にかえる。

2 かんたく

参考 かんたく工事の方法《ほうほう》

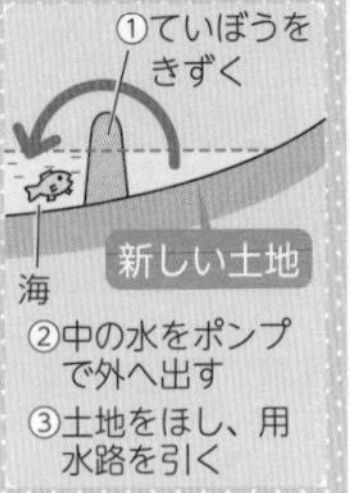
①ていぼうをきずく
海
新しい土地
②中の水をポンプで外へ出す
③土地をほし、用水路を引く

❶**かんたく**…浅《あさ》い海・湖などをていぼうでしめ切り、中の水をぬき、土地をほして、おもに水田にする。

❷**児島湾《こじまわん》のかんたく**…江戸《えど》時代から始まり、明治《めいじ》時代には藤田村《ふじたそん》がつくられた。

❸**有明海《ありあけかい》のかんたく**…江戸時代以前《いぜん》から行われていた。近年のかんたくで赤潮《あかしお》などが問題になった。

❹**その他**…八郎潟《はちろうがた》・琵琶湖《びわこ》・中海《なかうみ》などでかんたくが行われた。

水をぬいてかんたくだ。

3 うめ立て

注意 うめ立ては海などを土や石でうめて陸地をつくる。

❶**うめ立て**…海岸・湖・川などを近くの土や石・すななどでうめて、陸地《りくち》にする。
↳田畑や工場用地など

❷**工場用地づくり**…第二次世界大戦後、千葉《ちば》県西部の東京湾岸《とうきょうわんがん》でうめ立てが進んだ→京葉《けいよう》工業地域《ちいき》になった。岡山《おかやま》県倉敷《くらしき》市の水島《みずしま》地区も同じ。

最重要ポイント

せまい日本➔開たく(開こん)・**かんたく**・うめ立てで土地を開く。

くわしい学習

●開かれたおもな土地

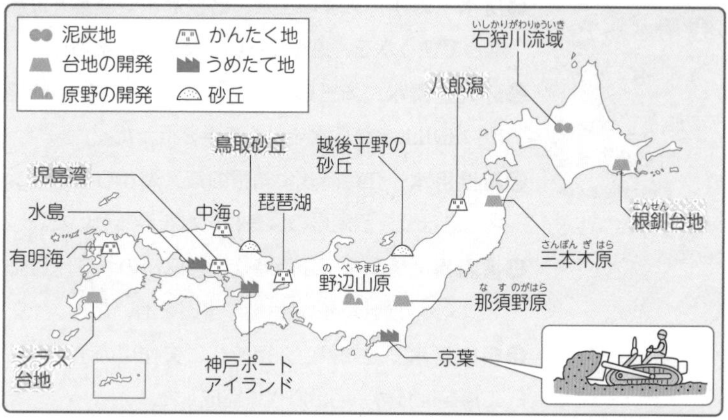

●泥炭地の開発…泥炭地は水はけが悪く、土地がやせている。また、気候《きこう》のすずしいところが多く、農業にはてきしていない。そのため、①**排水路**《はいすいろ》をつくって水はけをよくし、②よそからよい土を運んできて入れかえ(客土)、③用水路をつくって田畑にしてきた。

●火山灰地と砂丘の開発…火山灰土も砂丘のすなも軽くて風に飛《と》ばされやすい。また、水もちが悪いので、**かんがい**のくふうが必要《ひつよう》である。そのため、深い井戸《いど》をほったり、遠くの川・湖・池から**用水路**を引いたりして、田畑にしてきた。

チェックテスト

① 荒れ地を切り開いて田畑にすることを何といいますか。
② 海などをていぼうでしめ切り、水をぬいて陸地にすることを何といいますか？
③ 泥炭地が多いのは、どの地方ですか。
④ 有名なかんたく地を２つあげなさい。

答え
① 開たく(開こん)
② かんたく
③ 北海道地方
④ 児島湾・有明海・八郎潟など

15 地域の発展につくした人々（2）（水とたたかう）

1 用水路をつくる

参考 火山灰《かざんばい》地など、水不足の発生しやすい地域では、用水や疏水をつくって水をかくほした。

❶**用水・疏水《そすい》**…人々の生活に必要《ひつよう》な水や農業・工業などで使う水を、遠くから引くための用水路。
（↳飲料水やおふろの水など）

❷**野火止《のびどめ》用水**…埼玉《さいたま》県。江戸《えど》時代、げんざいの新座《にいざ》市に**玉川《たまがわ》上水**から水を引く工事を行った。

❸**箱根《はこね》用水**…江戸時代に箱根の**芦ノ湖《あしのこ》**から地下トンネルをほり、静岡《しずおか》県の深良《ふから》村に水をみちびいた。

❹**通潤橋《つうじゅんきょう》**…熊本《くまもと》県。江戸時代、**笹原《ささはら》川**の水を水路橋をつくって通し、白糸《しらいと》台地に水田を開いた。
（石づくりの橋↵）

❺**明治《めいじ》用水**…愛知《あいち》県。江戸時代に**矢作《やはぎ》川**の水を引く工事をはじめ、明治時代に完成《かんせい》した。

❻**安積疏水《あさかそすい》**…福島《ふくしま》県。明治時代、**猪苗代《いなわしろ》湖**の水を郡《こおり》山《やま》市に引く工事を行った。

❼**琵琶湖《びわこ》疏水**…滋賀《しが》県・京都《きょうと》府。明治時代、**琵琶湖**の水を京都へ引いた。

最重要ポイント

水不足のおこりやすい地域《ちいき》に、人々の生活や農業・工業に使う水を引いた。

2 水害《すいがい》をふせぐ

注意 洪水をふせぐのは、飲料水《いんりょうすい》を得《え》るためや米の生《せい》産《さん》を高めるためであった。

❶**大和《やまと》川**…**大阪《おおさか》平野**。江戸時代に、大和川流域《りゅういき》を水害から守るため、川の流れの変更《へんこう》工事を行った。

❷**利根《とね》川**…**関東《かんとう》平野**。江戸時代に、江戸を洪水《こうずい》から守るため、利根川の流れを変《か》えた。また、利根川は米などを運ぶ交通路としても使われた。

❸**筑後《ちくご》川**…佐賀《さが》平野。筑後川に、ていぼうや水門をつくって、洪水をふせいだ。

くわしい学習

●おもな用水路

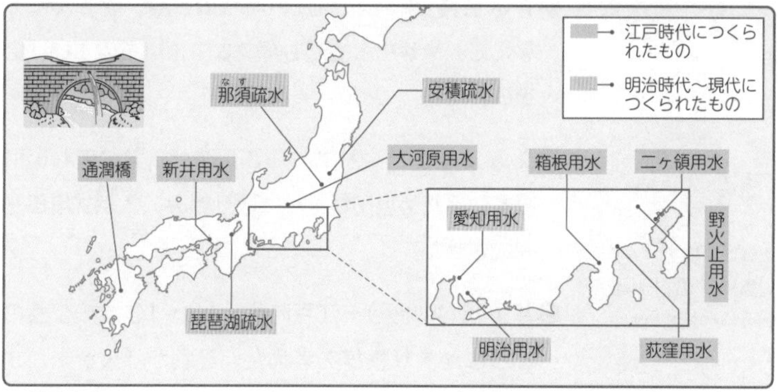

●**大河原《おおかわら》用水**…長野《ながの》県茅野《ちの》市。江戸時代に、いくつかの川から水を引いた。

●**荻窪《おぎくぼ》用水**…神奈川《かながわ》県。江戸時代に早川《はやかわ》の水を湯本《ゆもと》から小田原《おだわら》市の荻窪に引いた。

●**新井《しんゆ》用水**…兵庫《ひょうご》県。約 360 年前、古宮村《こみやむら》まで加古川《かこがわ》の水を引いた。

●**二ヶ領《にかりょう》用水**…神奈川県。江戸時代に多摩《たま》川の水を2つの領地に流して新田を開発したため、二ヶ領用水といわれる。

●**江戸時代のぎじゅつ**…工事は、くわなどの道具と人の力で行われた。測量《そくりょう》(土地の長さや高低《こうてい》をはかる)や水路橋をつくるぎじゅつなどがすぐれていた。

チェックテスト

① 飲料水や水田に使う水を遠くから引くためのしせつを何といいますか。

② 洪水をふせぐことは、何の生産を守るために大切でしたか。１つあげなさい。

③ 江戸時代、用水路をつくるとき、土をほるためには、どんな道具を使いましたか。

答え

① 用水・疏水

② 米

③ くわ

16 地域の発展につくした人々（3）（産業・医学など）

1 産業《さんぎょう》の発展《はってん》につくした人々

参考 江戸時代までは、海水をくみあげて塩をつくる、揚浜式《あげはましき》塩田で塩がつくられていた。

❶**青木昆陽**《あおきこんよう》（東京都《とうきょうと》）…江戸《えど》時代の学者。**ききん**にそなえて、やせた土地でも育つさつまいものさいばいを広めた。

❷**久米栄左衛門**《くめえいざえもん》（香川《かがわ》県）…江戸時代。藩《はん》の苦しい財政《ざいせい》を救《すく》うため塩田《えんでん》づくりに取り組み、**入浜式塩田**《いりはましき》を完成《かんせい》させた。

❸**井上伝**《いのうえでん》（福岡《ふくおか》県）…江戸時代。12～13才の少女のころにかすり模様《もよう》を考えた。それが「久留米《くるめ》がすり」として九州《きゅうしゅう》地方に広がり、げんざいでは伝統的《でんとうてき》工芸品《こうげいひん》に指定されている。

最重要ポイント

さまざまなぎじゅつが発達《はったつ》し、げんざいまで受けつがれている。

2 医学・教育の発展につくした人々

参考 天然痘は、江戸時代に流行した病気。死ぬこともあった。

❶**荻野吟子**《おぎのぎんこ》（北海道《ほっかいどう》）…明治《めいじ》時代。1885年、**日本で最初**《さいしょ》**の女性**《じょせい》**の公認医師**《こうにんいし》となった。女性が社会に出てはたらくための活動も行った。

主にオランダ語によって学ぶ西洋の学問
❷**緒方洪庵**《おがたこうあん》（大阪《おおさか》府）…江戸時代。江戸に出てらん学を学び、1838年に大阪に適塾《てきじゅく》を開いて、青年教育に力を入れた。また、天然痘《てんねんとう》の予防接種を広めるために「徐痘館《じょとうかん》」を建て、多くの人の命を救った。
福沢諭吉などが学んだ

❸**華岡青洲**《はなおかせいしゅう》（和歌山《わかやま》県）…江戸時代。1804年、世界ではじめて、全身ますいによる手術《しゅじゅつ》に成功《せいこう》した。その後、医塾《いじゅく》の春林軒《しゅんりんけん》をつくり、弟子《でし》の教育に努《つと》めた。

くわしい学習

●**さつまいも**…かんしょともいう。もともとは、中央アメリカや南アメリカでさいばいされていたといわれている。日本には、400年ほど前に伝《つた》えられた。その後、やせた土地でも育つことから、米が不作《ふさく》のときの食料《しょくりょう》として**薩摩《さつま》（鹿《か》児島《ごしま》）地方**でよくさいばいされたため、さつまいもという名前がついた。江戸時代、青木昆陽によって、関東《かんとう》地方に、さつまいものさいばいが広められた。

●**入浜式塩田**…遠浅《とおあさ》のすなはまにていぼうをつくり、潮《しお》の満《み》ち引きを利用《りよう》して海水を塩田に引き、塩をつくった。この方法《ほうほう》は、瀬戸内《せとない》海沿岸《かいえんがん》で発達し、江戸時代から昭《しょう》和《わ》30年ごろまでの300年ほど続《つづ》いた。

●**かすり**…かすり（下の写真）とは、**かすれたような模様の織物《おりもの》**のこと。かすりをつくる方法は、糸をそめるときに、糸に白い部分を残《のこ》してそめあげ、その糸で織ってかすり模様をつくる。

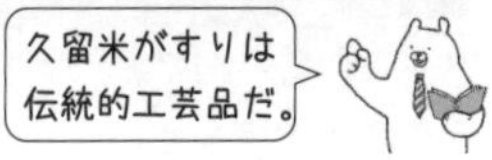

●**伊波普猷《いはふゆう》**…明治～昭和時代。それまであまり知られていなかった沖縄《おきなわ》の文化について調査《ちょうさ》・研究をし、そのすばらしさを多くの人に伝えようと活動した。「沖縄学の父」とよばれる。

チェックテスト

① 江戸時代に関東地方にさつまいものさいばいを広めたのはだれですか。

② 江戸時代からの、潮の満ち引きを利用した塩づくりの方法を、何といいますか。

③ 江戸時代に井上伝が考えた、かすれたような模様の織物を、何といいますか。

答え

① 青木昆陽
② 入浜式塩田
③ 久留米がすり

17 県内の特色ある地域(1)(伝統工業のさかんな地域)

1 伝統《でんとう》工業

❶**伝統工業**…地域《ちいき》の自然《しぜん》や古くから伝《つた》わるぎじゅつをいかして受けつがれてきた産業《さんぎょう》。全国各地《かくち》でつくられ、**特産品**《とくさんひん》として親しまれている。

最重要ポイント

伝統工業は手づくりでつくられ、ぎじゅつをもつ職人《しょくにん》によって支《ささ》えられている。

2 焼《や》き物づくり

注意 焼き物づくりは、原料の土や燃料をかくほすることが大切である。

❶**備前焼**《びぜんやき》…岡山《おかやま》県備前市の伝統的《てき》な焼き物。
およそ1000年前からつくられている↲

❷**備前市で焼き物づくりがさかんになった理由**

㋐**原料**《げんりょう》**にめぐまれている**…焼き物の原料にてきした**良質**《りょうしつ》**の土**がとれた。

㋑**燃料**《ねんりょう》**にめぐまれている**…焼き物を焼く燃料となる**赤松**《あかまつ》が、まわりの山でとれた。

3 漆器《しっき》(塗《ぬ》り物)づくり

❶**輪島塗**《わじまぬり》…およそ500年前から、石川《いしかわ》県輪島市でつくられる**漆器**。
↳うるしを塗ってつくった、うつわなど

❷**輪島市で漆器づくりがさかんになった理由**

㋐**材料**《ざいりょう》**にめぐまれている**…あて・けやきなどの木や**うるし**の木、**地**《じ》**の粉**《こ》の原料のけいそう土が豊富《ほうふ》。

㋑**気候**《きこう》**がてきしている**…湿度《しつど》が高い。
↳うるしを塗るのにてきしている

4 伝統を伝える努力《どりょく》

❶**地域の取り組み**…研修所《けんしゅうじょ》をつくり、伝統工業のぎじゅつを受けつぐ**わかい人を育てる**。時代にあった新しいぎじゅつやデザインを取り入れる。

❷**国の取り組み**…**伝統的工芸品**《こうげいひん》として指定し、伝統を守っている。
↳2023年11月げんざい、全国で241品目ある

くわしい学習

●日本各地のおもな伝統的工芸品

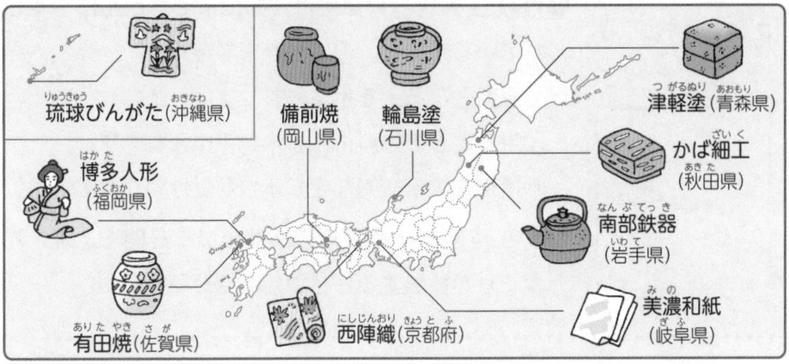

●輪島塗ができるまで

①**木地《きじ》をつくる**…木(木地型《がた》)をけずって、おわんなどの形にする。

②**布着《ぬのき》せ**…木地の欠《か》けやすいところやうすいところに布をはりつける。

③**うるしを塗る**…木地の上に何回も**うるし**を塗り重ねていく。

④表面をみがいて、つやを出し、**沈《ちん》金《きん》**やまき絵で模様《もよう》をつける。

●地の粉…木地をじょうぶにするため、下地となるうるしにまぜる、ねん土などを焼いてくだいた粉《こな》。

●沈金・まき絵…沈金は、うるしを塗った表面をほって、そこに金ぱくをうめる、模様のつけ方。まき絵は表面にうるしで絵をかき、上から金粉《きんぷん》や銀粉《ぎんぷん》をまいて付着《ふちゃく》させる方法《ほうほう》。

チェックテスト

① 岡山県で有名な、長い歴史《れきし》をもつ焼き物は何ですか。

② 輪島塗などの漆器とは、(　　)を塗ってつくった、うつわなどの道具のことです。

③ 伝統工業を伝えていくためには、時代にあった製品《せいひん》をつくる努力をするほか、どのようなことが必要《ひつよう》ですか。

答え

① 備前焼

② うるし

③ ぎじゅつを受けつぐわかい人を育てること。

18 県内の特色ある地域（2）（兵庫県の例）

1 焼《や》き物のふるさと

❶**丹波立杭焼《たんばたちくいやき》**…**兵庫《ひょうご》県丹波篠山《たんばささやま》市**でさかんにつくられている焼き物。のぼりがまで焼く。

↳朝鮮半島から伝わった

㋐原料《げんりょう》となる土を手に入れやすい。

㋑焼くときの燃料《ねんりょう》になる木を手に入れやすい。

㋒焼き物の伝統的《でんとうてき》なぎじゅつが受けつがれている。

↱10万人の観光客が来る

❷**まちづくり**…立杭焼の陶器《とうき》まつりを開く。焼き物づくりを体験《たいけん》するしせつ（陶《すえ》の郷《さと》）がある。

2 地域《ちいき》の資源《しげん》を守る

❶**姫路城《ひめじじょう》**…**兵庫県姫路市**には姫路城があり、**世界遺《せかいい》産《さん》**に登録《とうろく》されている。

日本で最初に世界文化遺産に登録↲

❷**城《しろ》を守る**…何度も修理《しゅうり》を重ね、大切にしている。

❸**まちづくり**…多くの人に姫路城のよさを伝《つた》える。

㋐姫路城のことを伝える**ボランティア**がいる。

㋑映画《えいが》やテレビのさつえいに協力《きょうりょく》している。

❹**コウノトリ**…**兵庫県豊岡《とよおか》市**では、コウノトリを育てて自然に帰す取り組みを行っている。

3 世界とつながる港町

❶**港　町**…**兵庫県神戸《こうべ》市**は、有名な貿易《ぼうえき》港がある。

㋐外国の貨物《かもつ》船や大きな客船が多く出入りする。

↱異人館などの観光地がある

㋑ほかの県からの**観光客《かんこうきゃく》**が多い。

❷**世界とつながる**…いろいろな国と**姉妹《しまい》都市**（友好《ゆうこう》都市）関係《かんけい》を結《むす》んでいる。

最重要ポイント

県内の特色ある地域は、人々が協力して、まちづくりや、産業の発展《はってん》に努力《どりょく》している。

くわしい学習

●兵庫県と姉妹・友好ていけい先のある国

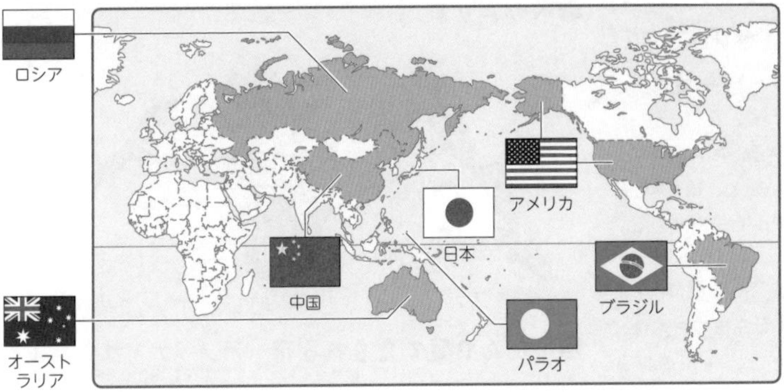

●**世界遺産**…世界の宝《たから》として守り、未来《みらい》へと伝えていかなければいけないもの。ユネスコで、登録を決める。日本では、姫路城(兵庫県)、**法隆寺《ほうりゅうじ》**(奈良《なら》県)や**原ばくドーム**(広島《ひろしま》県)、**白神《しらかみ》山地**(青森《あおもり》県・秋《あき》田《た》県)、**富士山《ふじさん》**(静岡《しずおか》県・山梨《やまなし》県)などが登録されている。

●**国《こっ》　旗《き》**…その国を表すしるしの旗《はた》。どの国の国旗にも、その国の願《ねが》いがこめられているので、**大切にあつかわなくてはならない。**

●**姉妹都市(友好都市)**…交流を目《もく》的《てき》に、特別《とくべつ》な関係を結んだ都市。都市の歴史《れきし》がにている都市どうしが結ぶことも多い。

チェックテスト

① 兵庫県丹波篠山市でさかんにつくられている焼き物を何といいますか。

② 兵庫県にある、世界遺産に登録された城を何といいますか。

③ その国を表すしるしの旗を何といいますか。

④ 交流を目的に、特別な関係を結んだ都市を何といいますか。

答え

① 丹波立杭焼
② 姫路城
③ 国　旗
④ 姉妹都市(友好都市)

理科

1 季節と生き物(春)

1 春の植物のようす

注意 あたたかくなると、植物の芽がふくらんでくる。

参考 花がさいたり葉を出した木は、えだの先がのび、葉も大きくなって緑色がましてくる。

❶木のようす

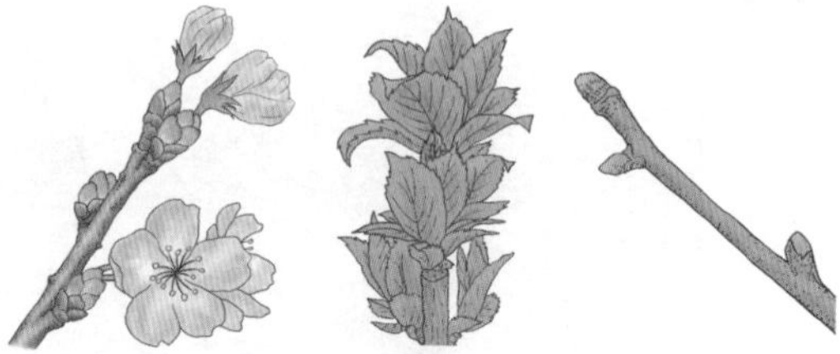

サクラ　　アジサイ　　イチョウ

❷花だんや庭で見られる花…アブラナ・サクラなど。
いっせいにピンク色の花をさかせる↲

❸野山で見られる花…タンポポ・ゲンゲ(レンゲソウ)・シロツメクサ・カラスノエンドウ・スミレなど。
↳晴れた日の昼間に黄色い花が開く

最重要ポイント

春になると野山や庭などのいろいろな所で、多くの植物が芽《め》を出し、花がさき始める。

2 春の動物のようす

注意 あたたかくなると、花に集まる虫、虫を食べる虫や鳥たちが活動を始める。

❶花に集まる虫…アゲハ・ミツバチ・ハナアブ・モンシロチョウ・クマバチなどが、花のみつや花粉《かふん》を集めるため、さかんに活動している。

❷葉に集まる虫

㋐**ナナホシテントウ**…アブラムシをえさにしている。

㋑**アゲハ**…カラタチやミカンの葉にたまごを産《う》む。

❸ツバメ…3月初《はじ》めごろから、南の島々やオーストラリアからやってくる。巣《す》を人家ののき下につくって、その中にたまごを産み、こどもを育てる。

くわしい学習

●**春の七草《ななくさ》**…セリ・ナズナ・ゴギョウ(ハハコグサ)・ハコベラ(ハコベ)・ホトケノザ(タビラコ)・スズナ(カブ)・スズシロ(ダイコン)

●**サクラ前線**…春になると、サクラの花が南から北へ、低地《ていち》から高地へさき始める。

下の図のように、花がさき始めた日をつないでいくと、サクラ前線を引くことができる。これにより、サクラの開花のうつり変《か》わっていくようすがよくわかる。

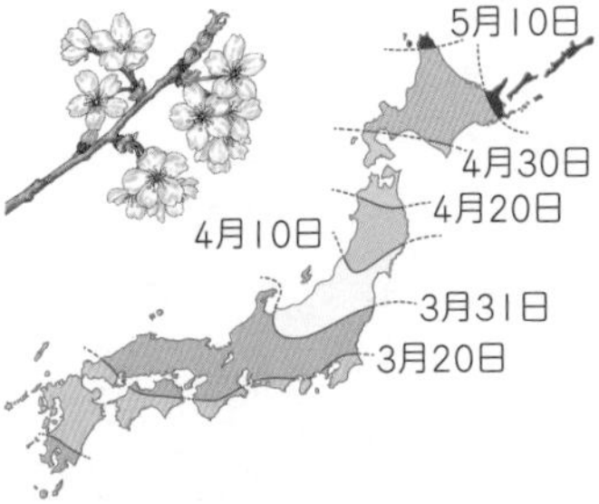

●**気温(空気の温度)のはかり方**

❶温度計に直接《ちょくせつ》日光があたらない、風通しのよい、日かげではかる。

❷地面から 1.2 ～ 1.5 m くらいの高さではかる。

❸下の図では、18 度と読み、18 ℃と書く。

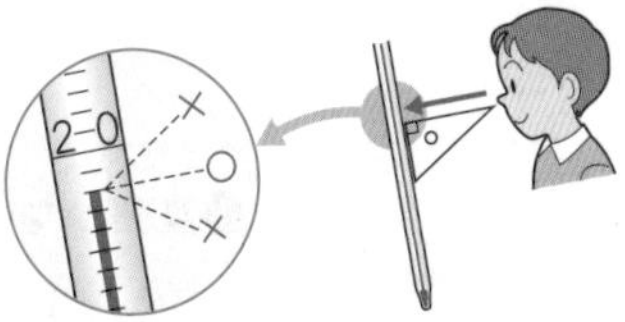

●**夏鳥(わたり鳥)**…鳥は種類《しゅるい》によって、すむのにてきした温度が決まっている。

春に南の国からやってきて、秋になって寒くなると南の国へ帰っていくのが夏鳥➡ツバメ・ホトトギスなど。(⇨p.75)

チェックテスト

① サクラ(ソメイヨシノ)は、葉と花ではどちらが先に開きますか。

② 春になると、南からやってきて、人家ののき下に巣をつくる鳥は何ですか。

③ アゲハは、花に集まって何をしていますか。

答え

① 花
② ツバメ
③ 花のみつをすっている

2 電気のはたらき

1 回路と電流

参考＞豆電球を導《どう》線《せん》でかん電池の＋極と－極につなぐと、豆電球に明かりがつく。

❶電気は、かん電池の＋極《プラスきょく》からモーターを通って、－極《マイナス》に流れる。

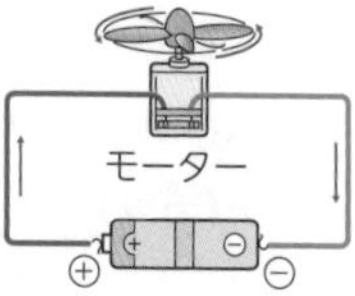

❷電　流…電気の流れを電流といい、電流の通り道を回路という。
1つの輪のようにつながっている↲

最重要ポイント

回路を流れる電流の向きが変《か》わると、モーターの回る向きが**変わる**。

2 かん電池のつなぎ方

注意＞㋑のかん電池を1ことりはずしても、回路はつながっているので、電流は流れる。

❶**直列つなぎ**…かん電池の＋極と－極をつなぐ㋐を、かん電池の直列つなぎという。
↳ちがう極どうしでつなぐ

❷**並列《へいれつ》つなぎ**…かん電池の同じ極どうしをつなぐ㋑を、かん電池の並列つなぎという。
↳同じ極どうしでつなぐ

㋐　かん電池の直列つなぎ

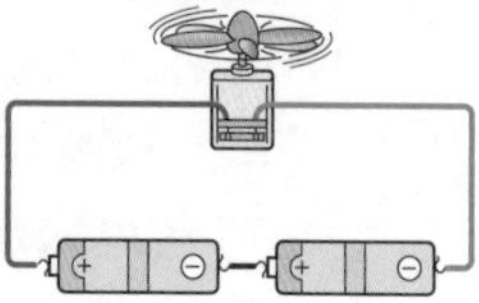

㋑　かん電池の並列つなぎ

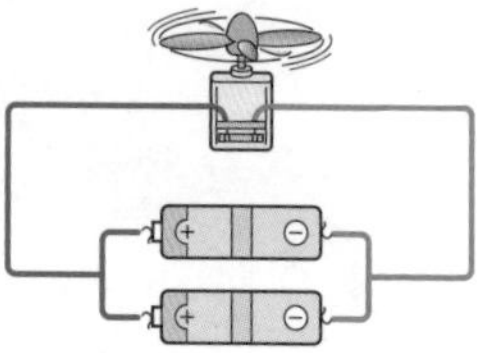

3 電流の大きさをくらべる

	検流計《けんりゅうけい》の目もり	モーター	豆電球
かん電池1こ	もとにするはりのふれ(0.5 A)	もとにする速さ	もとにする明るさ
かん電池2この直列つなぎ	電流は大きくなる(1.0 A)	はやく回る	明るくなる
かん電池2この並列つなぎ	変わらない(0.5 A)	変わらない	変わらない

くわしい学習

●検流計《けんりゅうけい》の使い方

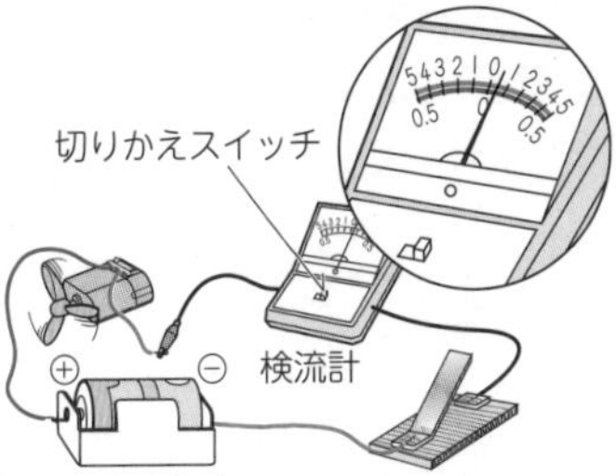

❶検流計を回路のと中につなぎ、切りかえスイッチを5A《アンペア》(電磁石《でんじしゃく》)のほうにつないで、はりのふれを読む。上の図のはりは、0.5 Aをしめしている。

❷はりのふれが小さいときは、切りかえスイッチを0.5 A(モーター・豆電球)のほうに切りかえる。

注意 検流計がこわれるので、かん電池だけを検流計につないではいけない。

●発光ダイオード

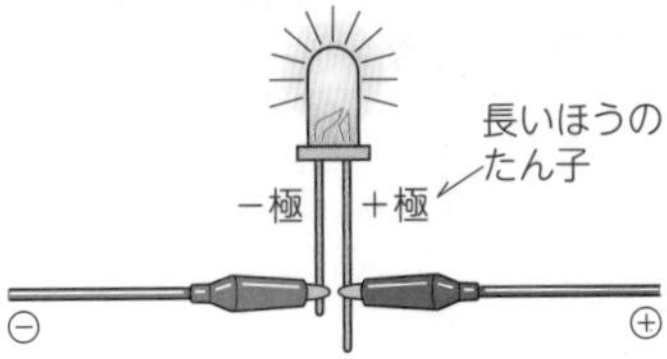

発光ダイオードの**＋極のたん子**に電池の＋極をつなぐと、電球と同じように光る。

注意 発光ダイオードは、かん電池2こを直列につなぐと光るものが多い。

●電気用図記号

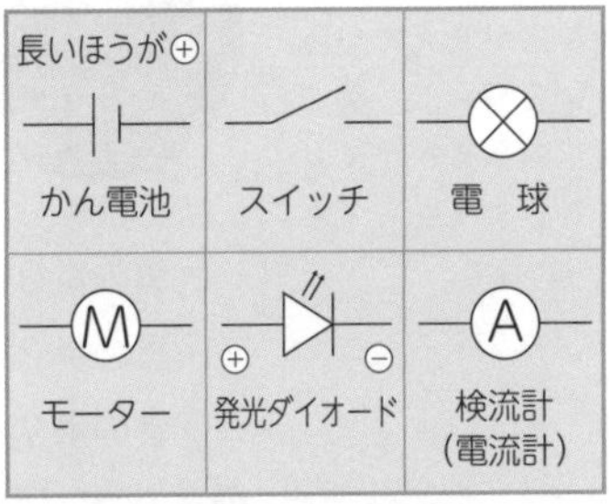

チェックテスト

① 回路がと中で分かれるかん電池のつなぎ方を何といいますか。

② モーターの回り方がはやいのは、電池の直列つなぎ・並列つなぎのどちらですか。

③ かん電池の＋極と－極を入れかえると、モーターはどのように回りますか。

答え

① 並列つなぎ

② 直列つなぎ

③ 反対に回る

3 天気と気温

1 気温の調べ方

❶気温は、同じ場所で同じ時刻《じこく》にはかる。
└→温度計ではかる

❷正しい空気の温度（気温）のはかり方（⇨p.47）

㋐温度計に直接《ちょくせつ》日光があたらないように、日かげをつくってはかる。

㋑建物《たてもの》からはなれた風通しのよいところではかる。

㋒地面から 1.2～1.5 m の高さではかる。

百葉箱《ひゃくようばこ》では気温を正しくはかることができるよ。

2 天気と気温の変化

注意 雲があっても空が見えているなら晴れに、雲で空の多くがかくれてしまったらくもりになる。

❶**天気の決め方**…晴れとくもりの区別《くべつ》は、目で見た空全体の広さを10としたときの雲の量《りょう》で決める。

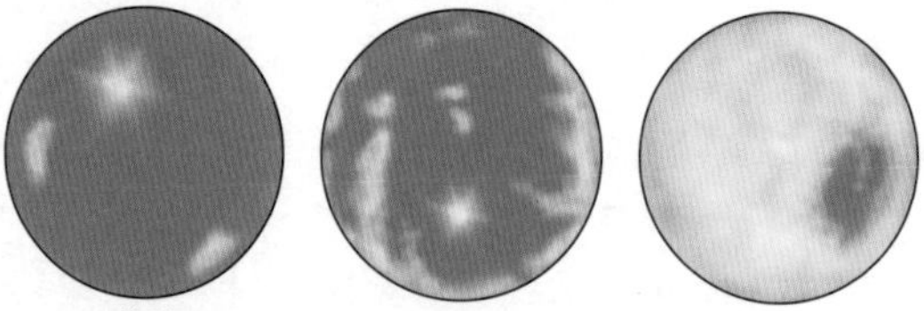

快晴　晴れ　くもり

㋐雲の量0～1 ➡☀ 快晴

㋑雲の量2～8 ➡☀ 晴れ

㋒雲の量9～10 ➡☁ くもり

❷雲の量に関係なく、雨がふったときの天気は雨になる。

❸晴れの日は気温の変化が大きく、雨の日や、くもりの日の気温はあまり変化しない。

最重要ポイント

1日の気温の変化は、天気によってちがいがある。

くわしい学習

● **百葉箱**…中に温度計などを入れておくことで、気温を正しくはかることができる。

日光を反しゃするように白色で、熱がこもりにくいように木材でできている。

ひらけた場所にあり、まわりにはしば草を植えて、地面からの日光の反しゃをふせいでいる。

風通しがよい**よろい戸**でかこまれていて、地面から1.2〜1.5 mのところに温度計が置かれている。

温度計に直接日光があたらないように、とびらは**北向き**についている。

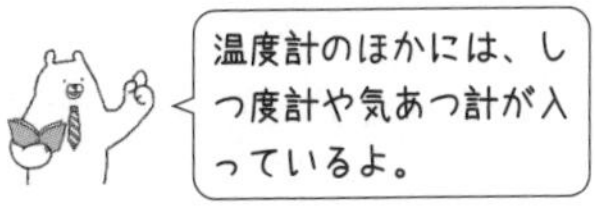
温度計のほかには、しつ度計や気あつ計が入っているよ。

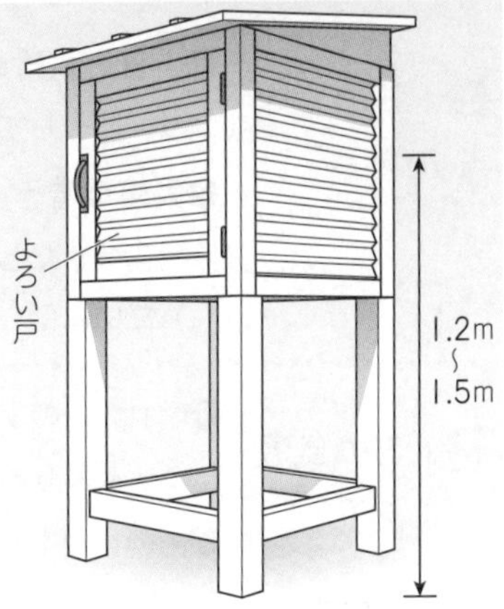
よろい戸
1.2m〜1.5m

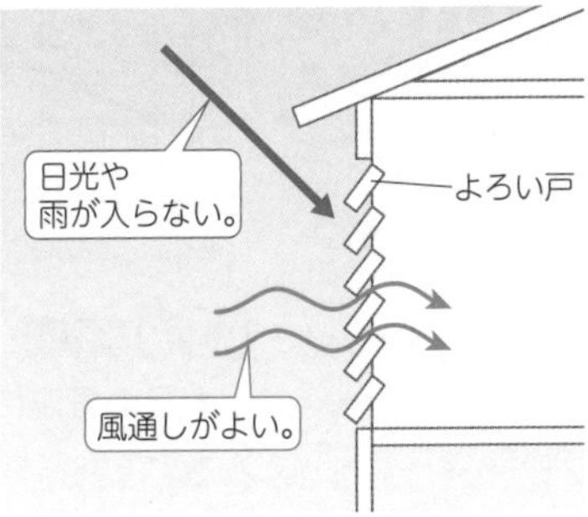
日光や雨が入らない。
よろい戸
風通しがよい。

チェックテスト

① 気温をはかるときは、どのようなところではかりますか。

② 何日か気温をはかるとき、はかる時刻と場所はどのようにしますか。

③ 晴れの日、雨の日、くもりの日の中で、気温の変化が最も大きくなるのはいつですか。

答え

① 風通しのよい日かげ、地上1.2〜1.5 mの高さのところ

② 同じにする

③ 晴れの日

4 太陽の高さと気温

1 1日の太陽の動き

❶**1日の太陽の動き**…太陽は東から出て南の空を通り、西へしずむ。

❷**太陽の高さ**…日の出とともにしだいに高くなり、真南へきたとき(**南中《なんちゅう》**)がいちばん高くなる。その後しだいに低《ひく》くなっていき、夕方、西のほうへしずむ。

2 1日の気温の変化《へんか》

注意 最高《さいこう》気温は、太陽が最《もっと》も高くなる時刻より2時間ほどおそくなる。
- 最高気温➡午後2時ごろ
- 最低《さいてい》気温➡夜明け前

❶晴れの日の1日の気温㋐は、朝、夕方は低《ひく》く、昼すぎに高くなる。

❷雨の日の1日の気温㋑はあまり変化しない。
↳太陽が雲でさえぎられるから

㋐ ☀晴れの日の1日の気温の変化

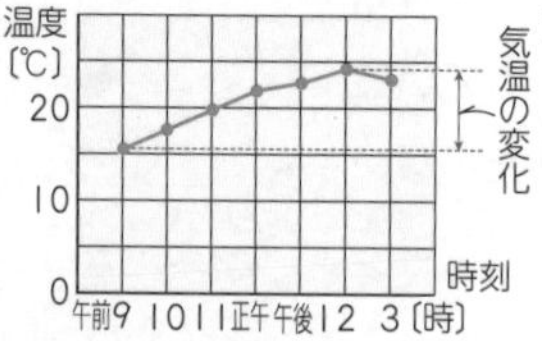

㋑ ☂雨の日の1日の気温の変化

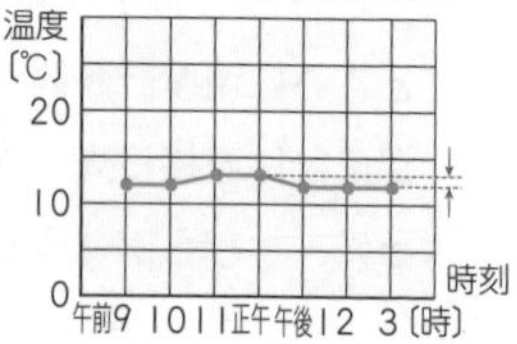

最重要ポイント

1日の気温の変化は、天気によってちがいがある。

3 太陽の高さと気温

注意 気温が最高になる時刻は、太陽高度が最高になる時刻より2時間ほどおくれる。

❶気温は、太陽の高さが高くなるにつれて上がり、太陽の高さが低くなると、やがて気温も下がっていく。
↳地面が日光であたためられて上がる

❷気温がいちばん高くなるのは、太陽がいちばん高くなったあとしばらくしてからになる。(午後2時ごろ)

最重要ポイント

太陽の高さ(南中時が最高《さいこう》)──→地面の温度(午後1時ごろ最高)──→気温(午後2時ごろ最高)

くわしい学習

●１日の気温の変化と太陽の高さ

晴れた日の気温の変化のグラフは、太陽の高さとにた形になる。しかし、太陽が最も高くなる時刻(正午)より、気温が最も高くなる時刻(午後２時ごろ)は、２時間ほどおくれる(図１)。

そのわけは、**日光が直接空気をあたためるのではなく、日光にあたためられた地面が空気をあたためるから**である(図２)。

また、雨やくもりの日に気温が上がらないのは、**雲に日光がさえぎられるから**である。

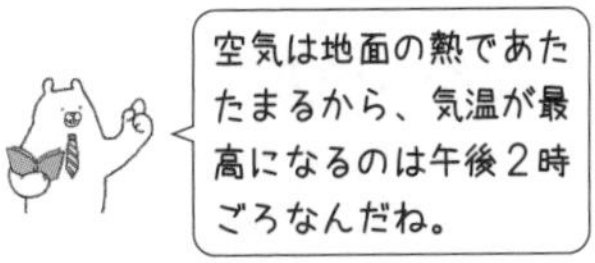

空気は地面の熱であたたまるから、気温が最高になるのは午後２時ごろなんだね。

〔図１〕

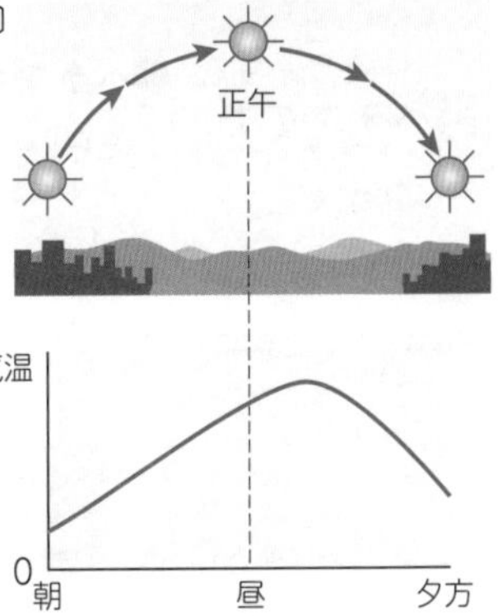

正午
気温
0
朝
昼
夕方

〔図２〕

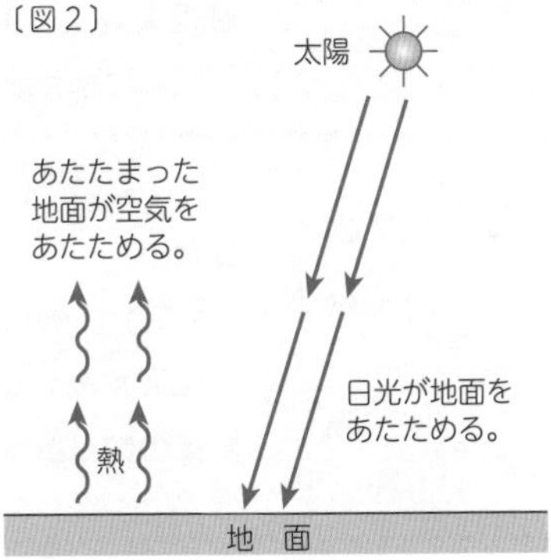

太陽
あたたまった地面が空気をあたためる。
熱
日光が地面をあたためる。
地　面

チェックテスト

① １日のうちで太陽の高度が最も高くなるのはいつですか。

② 晴れた日に、１日のうちで、気温が㋐最も高くなる、㋑最も低くなるのは、いつごろですか。

③ 地面と空気では、どちらが先にあたたまりますか。

答え

① 正午

② ㋐午後２時ごろ　㋑夜明け前

③ 地面

5 ヘチマの育ち方

1 ヘチマのたねまき

注意 ヘチマのたねは、ヘソを横にしてまいたほうがよい。

❶ヘチマのたねまき（はち植え）…たねは1～2cmぐらいの深さにまく。
ヒョウタンも同じ方法で育てることができる↲

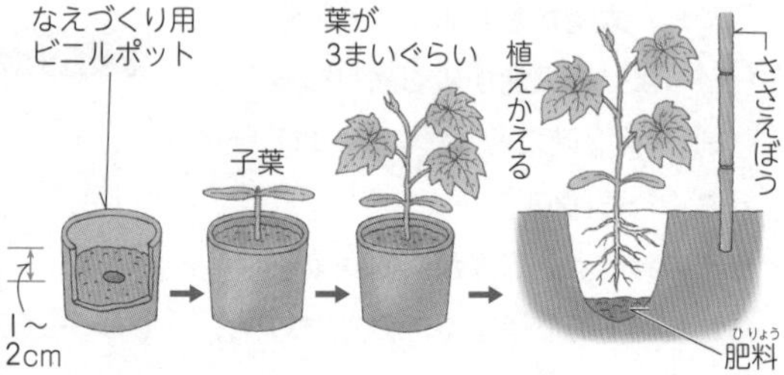

❷植えかえ…葉が3まいぐらいになったときに、花だんに植えかえる。

2 ヘチマのくきののび方

ヘチマのくきは、夏によくのび、雨の日はあまりのびない。
晴れの日のほうがよくのびる↲

最重要ポイント

気温が高くなると、ヘチマのくきはよくのび、葉の数がふえる。

3 ヘチマの花と実

注意 ヘチマは、め花の下の部分がふくらんで実になる。

ヘチマの花には、お花とめ花がある。
↳もとがふくらんでいる

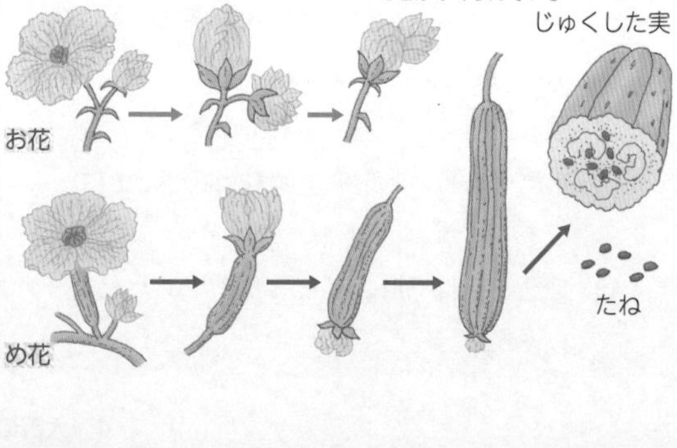

くわしい学習

●**ヘチマのたねまき**

❶ヘチマのたね…黒色、だ円形でへん平《ぺい》な形をしている。

❷たねまき(じか植えのとき)

㋐畑の土を深くたがやす。

㋑肥料と土をよくかきまぜ、その上に土をかぶせる。

㋒1～2cmぐらいの深さにたねを3こずつまく。

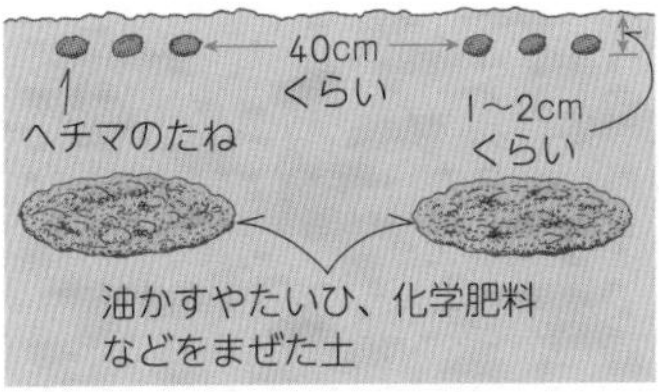

●**ヘチマの世話**…芽《め》が出たら、3本のうち、じょうぶなものを1本残《のこ》し、まきひげが出たらささえぼうを立てる。

●**ヘチマの花**

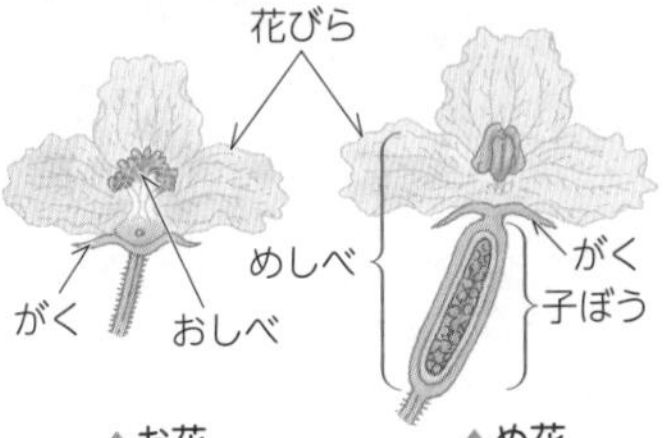

▲お花　▲め花

❶お　花…葉の出ている節《ふし》に数こかたまってつく。おしべが5本ある。

❷め　花…お花と同じ節に1こだけつく。めしべは1本で柱頭が3つに分かれている。

●**ヘチマの実**…実ははじめは緑色でやわらかく、じゅくすと、茶色くなり、かたくなる。実の中には200～400こぐらいたねが入っている。

チェックテスト

① ヘチマのたねを畑にじか植えするとき、たねの上に、何cmくらい土をかぶせますか。

② ヘチマの植えかえは、ヘチマがどのくらいのときにするとよいですか。

③ ヘチマがじゅくすと、実やたねはどんな色になりますか。

答え

① 1～2cmぐらい

② 3まいほど葉が出たとき

③ (実)茶色
(たね)黒色

6 季節と生き物（夏）

1 夏の植物のようす

注意 気温が高い夏になると、木々の葉の緑もこくなり、えだもぐんぐんのびてくる。

参考 春に花がさいていた植物は、夏になるとかれてくるものもある。

❶**花だんや庭で見られる花**…ヒマワリ・ホウセンカ・アサガオ・オシロイバナ・フジ・アジサイなど。

❷**野山で見られる花**…ユリ・マツヨイグサ・ヒルガオ・ネムノキなど。

❸**サクラ**…葉の色がこくなり、葉の数も多くなる。緑色だった実(サクランボ)が、赤くじゅくす。

最重要ポイント

夏になると、気温が高くなり、野山や花だんの植物は大きく成長《せいちょう》し、花がさき、実もどんどん大きくなる。

2 夏の動物のようす

注意 春に見られなかった虫が多く見られるようになり、虫の活動も活発になる。

❶**ツバメ**…たまごからかえった子ツバメは、暑くなるころ巣立《すだ》つ。子ツバメは自分の力で飛《と》び回るが、えさはしばらくの間は口を開けて親からもらう。

❷**野山に見られる虫**

㋐モンシロチョウやアゲハは、夏型《なつがた》になって、春のときより大型になる。

㋑**木に集まる虫**…昼間➡セミのなかまが木にとまって鳴きたてる。夜間➡カブトムシ・コガネムシ・クワガタムシ・オオムラサキなどが集まる。（木のしるをすいにくる）

くわしい学習

●植物の成長

ユリ

イチョウ

アジサイ

オシロイバナ

●春にさいた草花のようす

❶**チューリップ**…春にさいた花が終わると、緑色をしていた葉は黄色になり、やがて葉もくきもかれる。土の中には、古い球根のまわりに、新しい球根ができている。

❷**アブラナ**…春にさいた花が終わると実ができ、葉やくきは、黄色くなってかれる。実の中には、黒いたねがたくさん入っている。

●野山の虫

❶**花に集まる虫**…花のみつや花粉《かふん》を食べにくる。➡チョウ・ハチ・アブ・ハナムグリのなかま。

❷**木のみきに集まる虫**…木のしるをすいにくる。➡カブトムシ・クワガタムシ・コガネムシ・チョウやハチのなかま。

❸**木や草の葉に集まる虫**…その葉を食べる。➡チョウ・ガの幼虫《ようちゅう》・バッタやハムシのなかま。

❹**草むらに集まる虫**…クツワムシ・キリギリスなど。

チェックテスト

① 夏になるとサクラの葉はどんな色になりますか。また、えだはどうなりますか。

② 春に花のさいていたチューリップは夏になるとどうなりますか。

③ 夏のアゲハの数は、春とくらべてどうなっていますか。

答え

① こい緑色・のびる

② かれる

③ ふえている

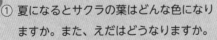

7 月の形とその動き

1 月の形

参考 月は、太陽の光を反射《はんしゃ》して光っている。

月の見える形は日がたつにつれて変《か》わる。

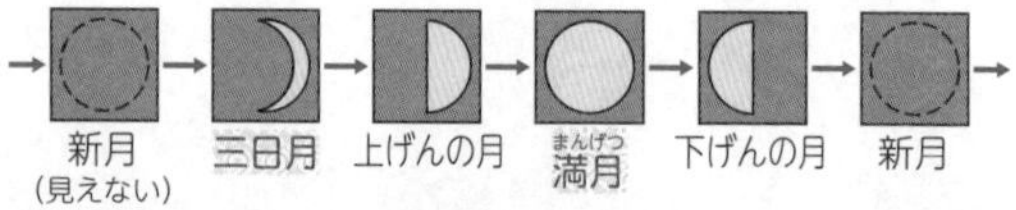

最重要ポイント

新月から次の新月まで**約《やく》30日**かかる。

2 右半分の半月と左半分の半月の動き

参考 右半分の半月を上げんの月、左半分の半月を下げんの月とよぶ。

❶**上げんの月**…夕方、**南**の空に、真夜中ごろ**西**の空に見える。

❷**下げんの月**…真夜中ごろ東の空に、明け方南の空に見える。

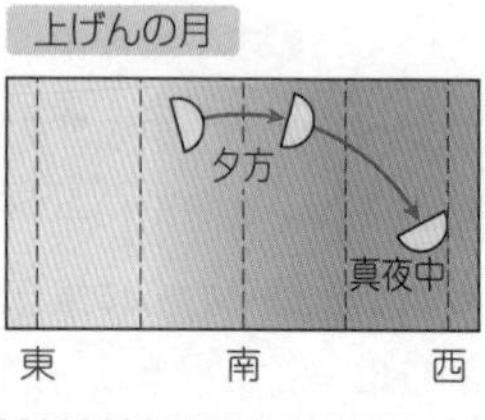

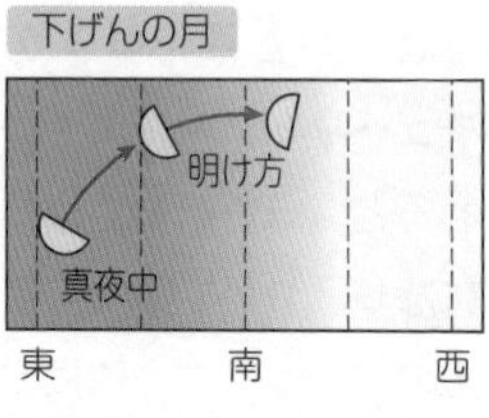

3 満月と三日月の動き

注意 太陽の1日の動きは朝、東のほうからのぼり、南の空を通って、夕方、西のほうへしずむ。

❶**満　月**…夕方、**東**の空に、真夜中ごろ**南**の空に見える。
↳明け方西にしずむ

❷**三日月**…夕方、**西**の空の低いところに見える。

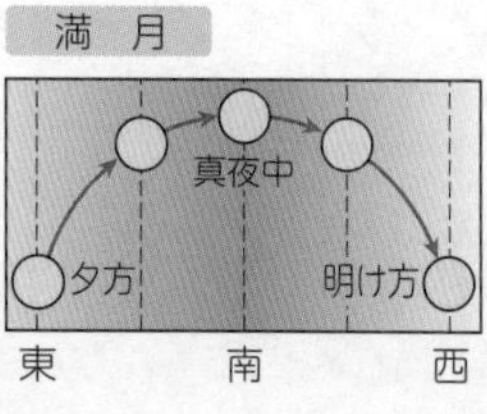

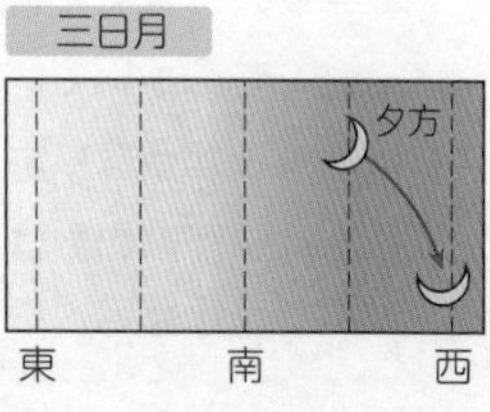

くわしい学習

●月の形の変わり方

月の形は、毎日少しずつ変化していき、新月から次の新月まで、およそ 30 日かけてもとの形にもどる(これを**月の満《み》ち欠《か》け**という)。

これは、月が地球のまわりを約 30 日かけて1周するからである。

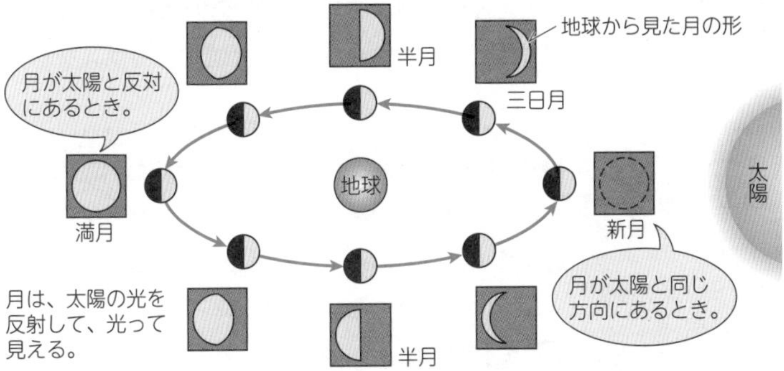

●月の形とかたむき

月の形は、1日のうちで変わらないが、かたむきは変化している。

たとえば、夕方、上げんの月(右の図)を見ると、丸い部分は右にあるが、真夜中には、丸い部分を下にして西の空にしずむ。

半月 (上げんの月)

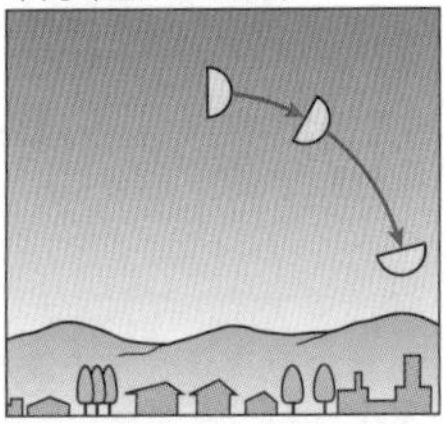

チェックテスト

① 夕方､西の空に見える月はどのような月ですか。

② 夕方､南の空に見える月はどのような月ですか。

③ 月の形が、新月(見えない月)から次の新月になるまでどのくらいかかりますか。

④ 満月は、夕方どの方角に見えますか。

答え

① 三日月
② 上げんの月
③ 約 30 日
④ 東

8 星の明るさと色、星座

1 星の明るさ

参考 1等星の明るさは、6等星の100倍の明るさとしている。

星は、明るい順《じゅん》に1等星、2等星、3等星、…と分けられている。
└北極星など

❶**1等星**…夜空で目立って明るくかがやく星。こと座《ざ》のベガ、うしかい座のアークトゥルス、さそり座のアンタレス、おおいぬ座のシリウスなど。

2 星の色

注意 星の色のちがいは、表面温度のちがいによる。

❶**星の色**…星の色が赤・黄・白・青などに見えるのは、それぞれの星の表面の温度がちがうから。

❷温度の高いものからならべると、青白→白→黄→だいだい→赤となる。

最重要ポイント

星によって、**明るさ**や**色**にちがいがある。

3 星座《せいざ》

注意 日本では、北極星《ほっきょくせい》のまわりの星座はいつも見えるが、そのほかの星座は季節《きせつ》によって、また、時刻《じこく》によって見え方がちがう。

❶**星座**…星のいくつかを結《むす》んで、人や動物やものなどの形に見たてたものが星座である。星座の名まえの多くは、ギリシャ神話からとられている。

❷おもな星座と星には次のようなものがある。

㋐**夏**…はくちょう座(デネブ)・こと座(ベガ)・わし座(アルタイル)・さそり座(アンタレス)

・**夏の大三角**…デネブ・ベガ・アルタイル

㋑**冬**…オリオン座(ベテルギウス・リゲル)・おおいぬ座(シリウス)・こいぬ座(プロキオン)

・**冬の大三角**…ベテルギウス・シリウス・プロキオン

㋒**1年**…おおぐま座・こぐま座・カシオペヤ座
└北極星

くわしい学習

●星の色

星の色	星と星座
青白い星	リゲル(オリオン座)、スピカ(おとめ座)、レグルス(しし座)
白色の星	シリウス(おおいぬ座)、ベガ(こと座)、アルタイル(わし座)、デネブ(はくちょう座)
黄色の星	カペラ(ぎょしゃ座)、プロキオン(こいぬ座)、太陽
だいだい色の星	アルデバラン(おうし座)、アークトゥルス(うしかい座)、ポルックス(ふたご座)
赤色の星	アンタレス(さそり座)、ベテルギウス(オリオン座)

●夏と冬の大三角

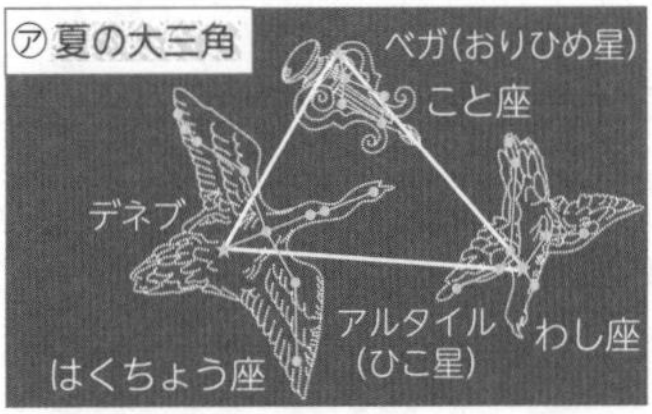

はくちょう座のデネブ、こと座のベガ、わし座のアルタイルからなる。

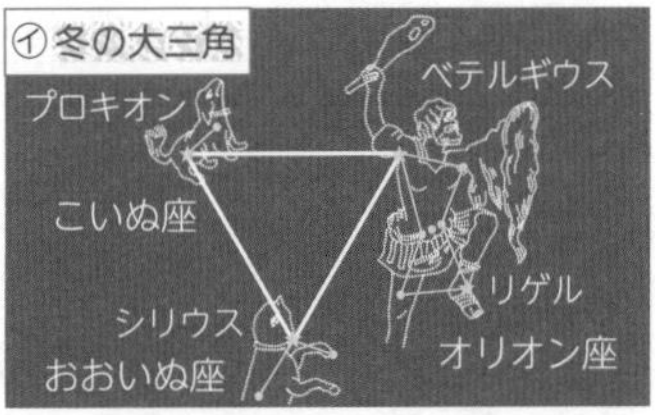

オリオン座のベテルギウス、おおいぬ座のシリウス、こいぬ座のプロキオンからなる。

チェックテスト

① 星の色のちがいは星の何のちがいによりますか。
② 星のいくつかを結んで、形を動物などに見たてたものを何といいますか。
③ 夏の大三角の星の名まえを答えなさい。
④ 冬の大三角の星の名まえを答えなさい。

答え

① 表面温度　② 星座
③ デネブ・ベガ・アルタイル
④ ベテルギウス・シリウス・プロキオン

9 星の動き

1 北の空の星の動き

北極星《ほっきょくせい》のまわりの星は、北極星を中心として、時計のはりと反対向き（左回り・東から西向き）に1時間に15°動いて見える。

2 南の空の星の動き

南の空の星は、時間がたつにつれて、太陽と同じように東から西へ動いて見える。また、南の空の星は、北の空の星と同じように、1時間に約《やく》15°動いて見える。

↳1日に約360°

3 1日の星の動き

参考 星は同じ方向に動き、1日たつとほぼもとの位置にもどって見える。

注意 星は北極星を中心として、1日で約1回転（360°）して見える。1日は24時間なので、星が1時間に動く角度は、360÷24＝15となり、星は1時間で約15°動いて見える。

❶空全体の星の動き…夜空に見える北の空の星は、北極星を中心として時計のはりと反対向き（左回り・東から西向き）に、南の空の星は、太陽と同じように東から西に動いて見える。

星は北極星を中心にして**東から西へ回り、1日たつとほぼもとの位置《いち》にもどって見える。**

最重要ポイント

星は1時間に約15°動いて見える。

❷西の空の星…星が次々に地平線にかくれて見えなくなる。

↳ななめ下に動いて見える

❸東の空の星…星が地平線から次々に上がって見える。

↳ななめ上に動いて見える

❹天の北極に近い星…一晩中《ひとばんじゅう》しずまないで、天の北極のまわりを回る。

❺太陽や月と同じ場所からのぼる星…太陽や月と同じ道すじを通って、西にしずむ。

↱東からのぼって南の空を通る

くわしい学習

●北の空の星の動き

北極星を中心に、1時間に約15°動いて見え、1日たつとほぼもとの位置にもどる。

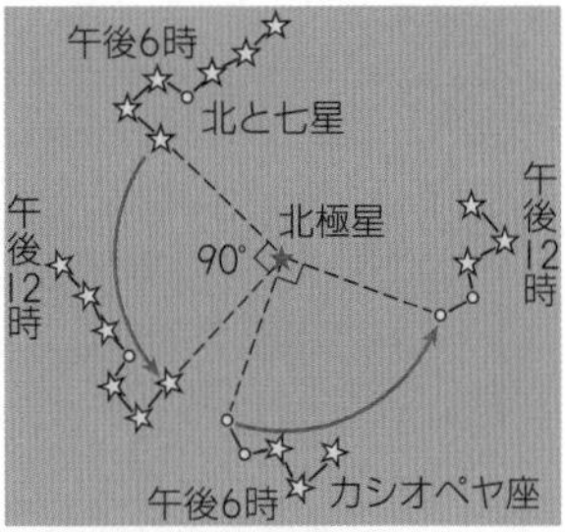

●南の空の星の動き

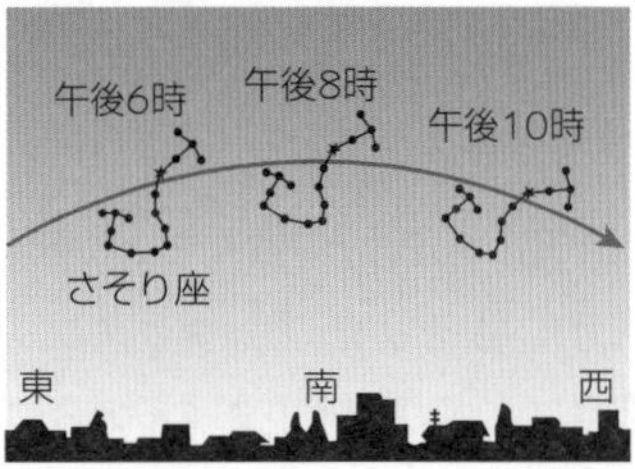

●北の空の星の動き

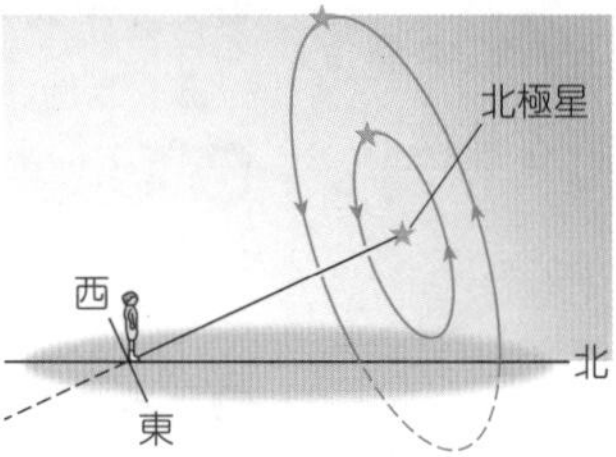

北の空の星は、北極星を中心に時計のはりと反対向き（左回り・東から西向き）に大きな円をえがくように動いて見える。

●空全体の星の動き（春・秋）

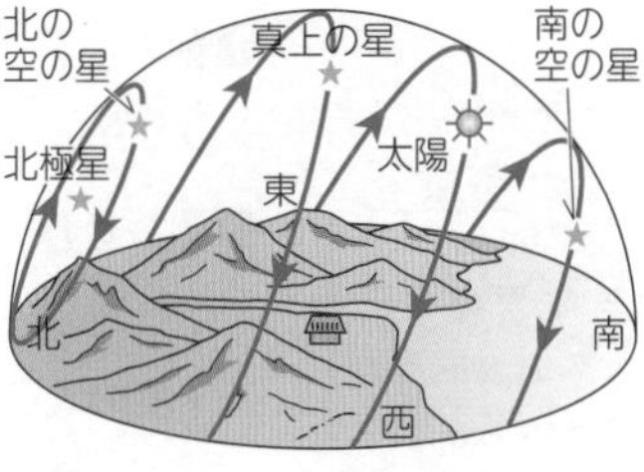

チェックテスト

① 北の空の星は、どこを中心にどの向きに動いて見えますか。

② 大空の星は、1時間に約何度動いて見えますか。

③ 南の空の星はどちらからどちらへ動いて見えますか。

④ 星は1日たつと、前日とくらべてどの位置にありますか。

答え

① 北極星を中心に時計のはりと反対向き（左回り）

② 15°

③ 東から西へ

④ ほぼもとの位置

10 季節と星座

1 1年中見える星座《せいざ》

❶1年中見える星座…北の空に見える星座には、おおぐま座、こぐま座、カシオペヤ座などがある。

最重要ポイント
北極星《ほっきょくせい》は1年中**北の空**に見える。

❷北極星の見つけ方

北極星は、**カシオペヤ座**や**北と七星**《おおぐま座》をもとにしてさがすと、見つけやすい。

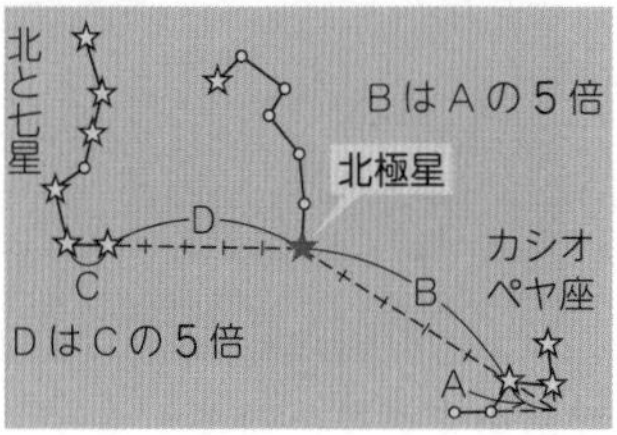

2 季節《きせつ》とおもな星座

注意 夏の大三角と冬の大三角の1等星の名まえを覚えておく。
・夏の大三角…デネブ、ベガ、アルタイル
・冬の大三角…ベテルギウス、シリウス、プロキオン

❶春の星座…しし座(レグルス)、おとめ座(スピカ)、うしかい座(アークトゥルス)

❷夏の星座…わし座(アルタイル《ひこ星》)、はくちょう座(デネブ)、こと座(ベガ《おりひめ星》)、さそり座(アンタレス)

- **夏の大三角**…**デネブ**、ベガ、アルタイルの3つの1等星を結《むす》んだ大きな三角形のことをいう。
- **アンタレス**…さそり座の1等星で、南の空低《ひく》く、特《とく》に大きく赤くかがやく星。

❸秋の星座…ペガスス座、アンドロメダ座

❹冬の星座…オリオン座(ベテルギウス、リゲル)、おおいぬ座(シリウス)、こいぬ座(プロキオン)

- **冬の大三角**…**ベテルギウス**《オリオン座》、**シリウス**《おおいぬ座》、**プロキオン**《こいぬ座》の3つの1等星を結んだ大きな三角形のことをいう。

くわしい学習

●季節とおもな星座

▼夏の南の空（7月20日20時ごろ）

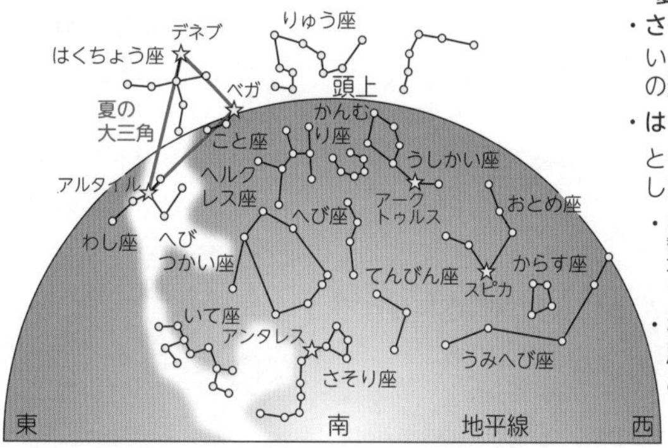

夏の代表的《だいひょうてき》な星座

- **さそり座→**南の空の低いところに見えるＳ字の形をした星座。
- **はくちょう座→**北十字ともいわれる十字型《がた》をした大きな星座。
  - **こと座→**頭の真上付《ふ》近《きん》に見え、特に明るくかがやく。
- **わし座→**はくちょう座とともに天の川にある。

▼冬の南の空（1月20日20時ごろ）

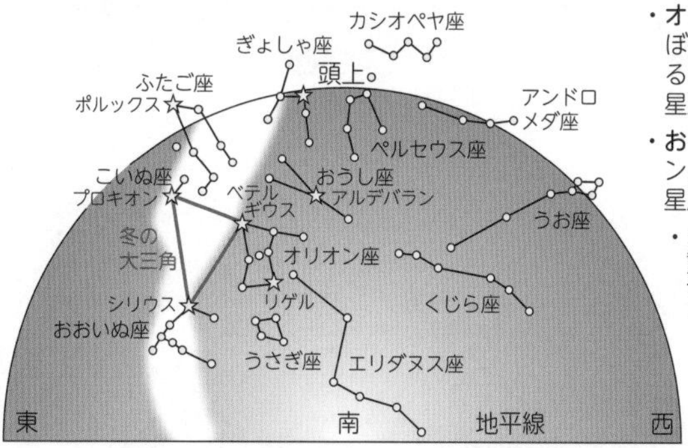

冬の代表的な星座

- **オリオン座→**夕方、ほぼ真東からのぼってくる三つ星が特ちょうの星座。
- **おうし座→**アルデバランという１等星がある星座。
  - **おおいぬ座→**全天で最《もっと》も明るい星であるシリウスがある星座。

チェックテスト

① 北と七星は何座の星ですか。

② 北極星は、いつもどの方位《ほうい》に見える星ですか。

③ 北極星を見つけるのに、手がかりになる２つの星の集まりは何と何ですか。

答え

① おおぐま座

② 北

③ 北と七星とカシオペヤ座

11 四季の星座（春・夏）

❶春の星座《せいざ》

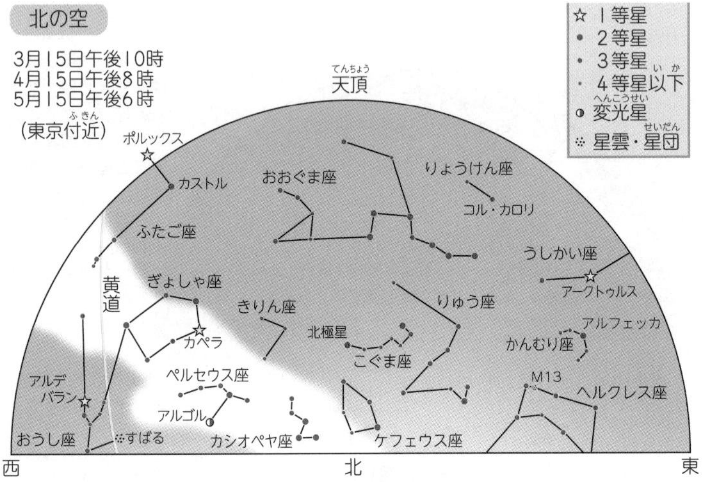

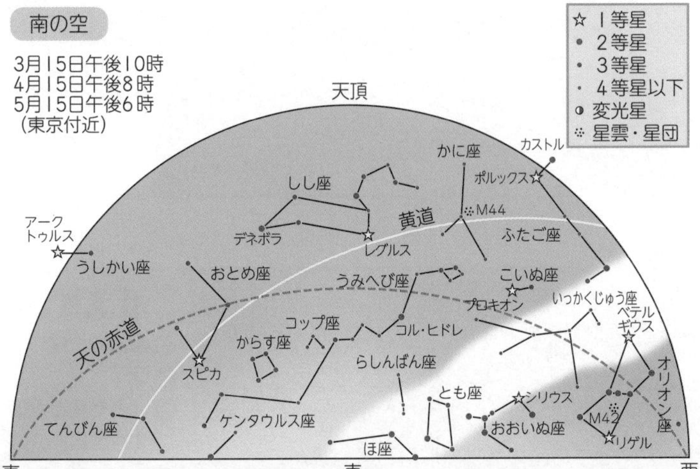

❷夏の星座

北の空

6月15日午後10時
7月15日午後8時
8月15日午後6時
（東京付近）

- ☆ 1等星
- ● 2等星
- • 3等星
- · 4等星以下
- ◑ 変光星
- ⁘ 星雲・星団

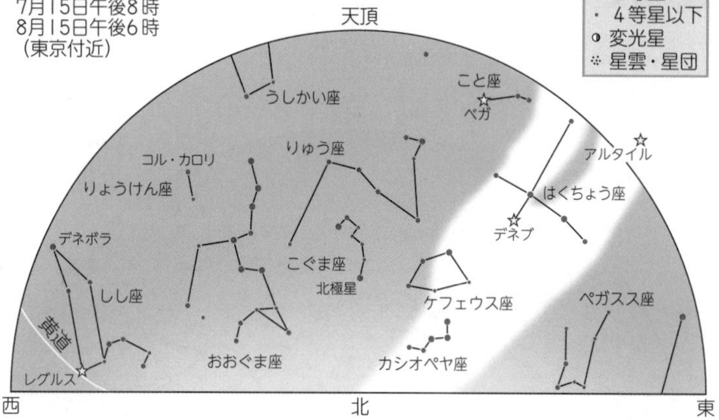

南の空

6月15日午後10時
7月15日午後8時
8月15日午後6時
（東京付近）

- ☆ 1等星
- ● 2等星
- • 3等星
- · 4等星以下
- ◑ 変光星
- ⁘ 星雲・星団

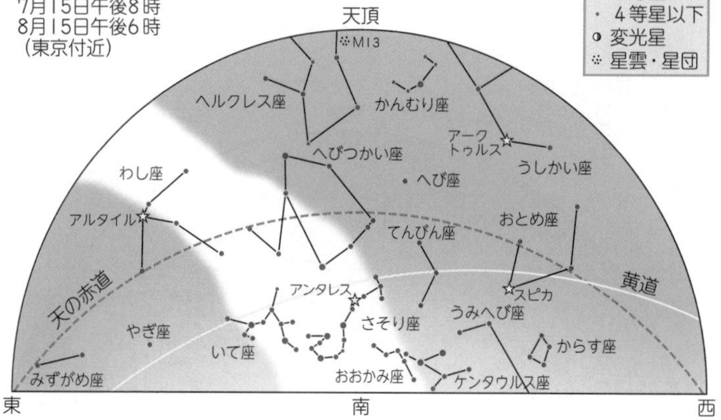

理科

12 四季の星座（秋・冬）

❶秋の星座《せいざ》

北の空

9月15日午後10時
10月15日午後8時
11月15日午後6時
（東京付近《ふきん》）

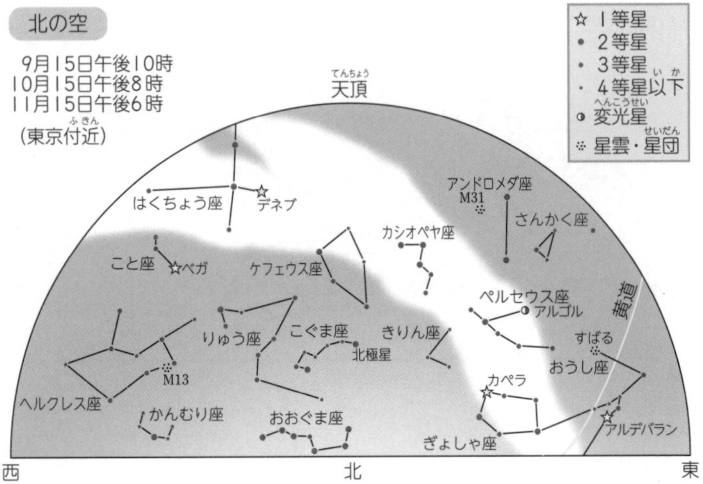

南の空

9月15日午後10時
10月15日午後8時
11月15日午後6時
（東京付近）

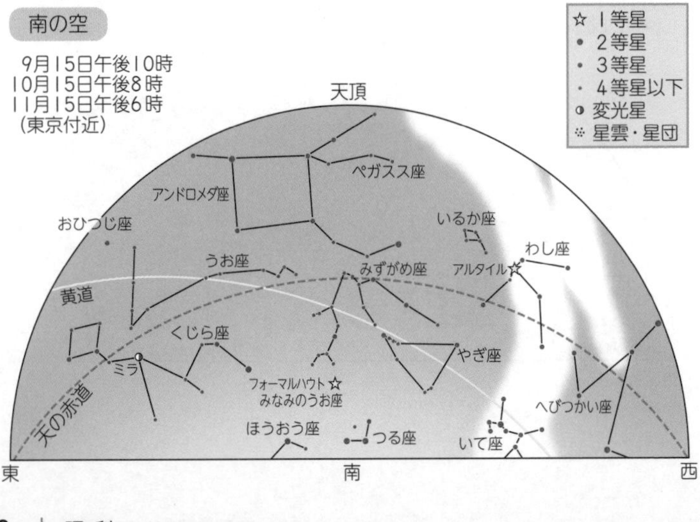

❷冬の星座

北の空

12月15日午後10時
1月15日午後8時
2月15日午後6時
(東京付近)

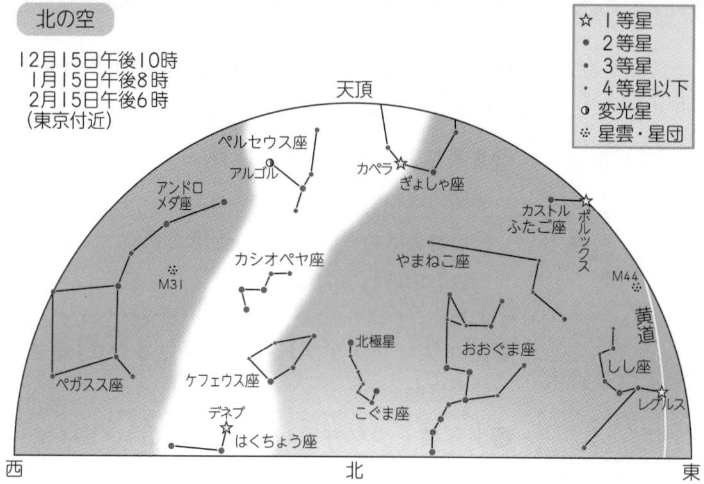

南の空

12月15日午後10時
1月15日午後8時
2月15日午後6時
(東京付近)

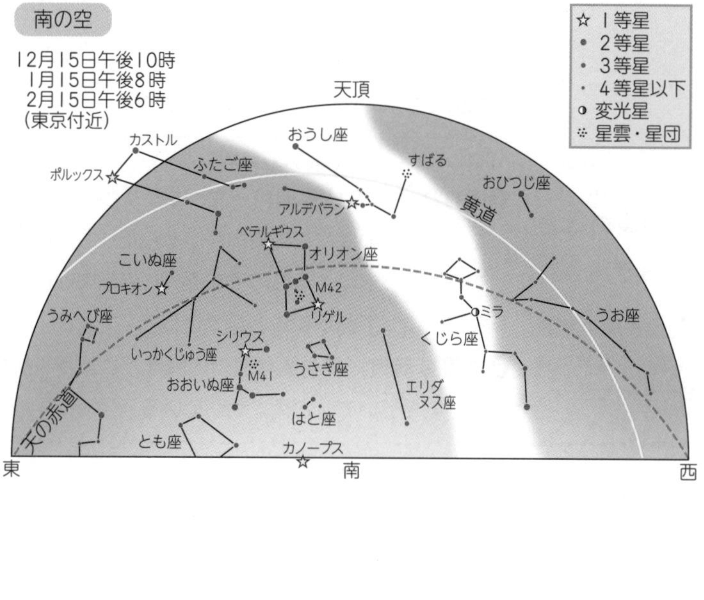

13 ほねと筋肉

1 ほねとからだ

❶からだをささえるほね…せぼね・むねのほね・うでのほね・こしのほね・足のほね。

❷重要《じゅうよう》な部分をほごするほね

㋐頭のほね…のうをほごする。

㋑むねのほね…心臓《しんぞう》・はいをほごする。

㋒こしのほね…内臓《ないぞう》をささえ、まもる。

2 ほねとほねとのつながり方

❶動かないつながり〔ほう合(ぬい合わせ)結合《けつごう》〕

頭のほね。

↳ほねとほねのつなぎ目がぬい目のようになっている

❷少し動くつながり(なんこつ結合)…せぼね・むねのほね。

↳なんこつでつながっている

❸よく動くつながり…かた・ひじ・ひざ・手首・足首など。

最重要ポイント

関節《かんせつ》でつながっているからよく動く。

3 筋肉《きんにく》のはたらき

参考 内臓の筋肉は自分の意思では動かせない。

❶ほねについている筋肉…立ったりすわったり走ったりできるのは、この筋肉がゆるんだりちぢんだりするはたらきによるものである。この筋肉は自分の意思によって動かすことができる。

↳ずい意筋

❷内臓の筋肉…胃《い》や腸《ちょう》などの内臓は、じょうぶな筋肉でできていて、たえず動いている。

↳不ずい意筋

4 からだが動くしくみ

筋肉の両はしはけんで2つのほねについている。内《うち》側《がわ》の筋肉がのうの命令《めいれい》でちぢむと、ほねが引きよせられ、外側の筋肉はゆるむ。

くわしい学習

●人のほね組み

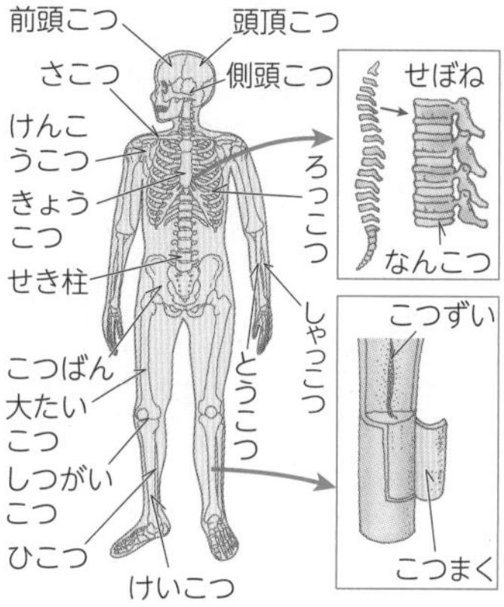

●うでや足の筋肉

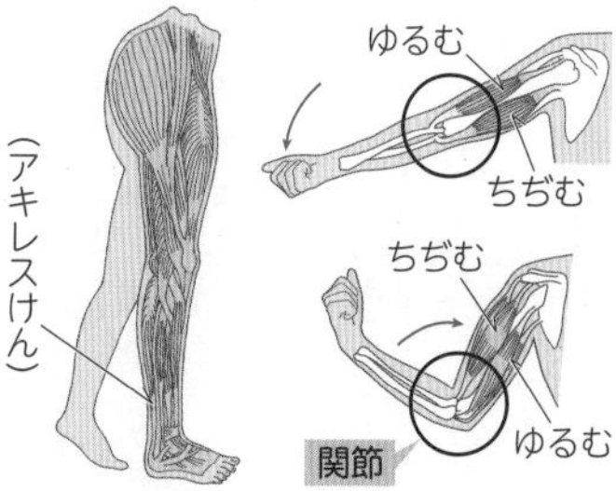

●ほねのつながり方

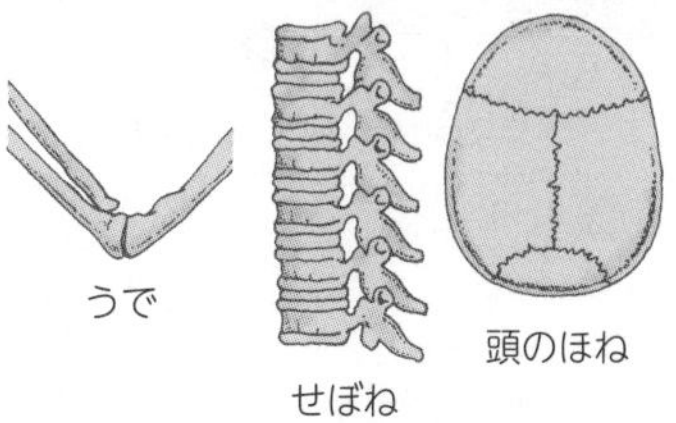

●関節のしくみ

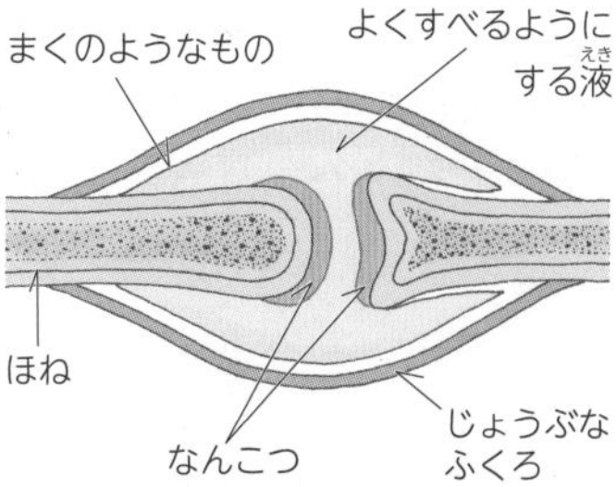

じょうぶなふくろでつながっている。ほねの先になんこつがあり、ほねどうしがこすれあったりしていたまないようになっている。

チェックテスト

① せぼねはどのようなはたらきをしていますか。

② うでや手が曲がるのは、ほねとほねの間に何というつなぎ目があるからですか。

③ ②の部分が曲がるのは、ほねについている何のはたらきによりますか。

④ ③とほねをつなぐ部分を何といいますか。

答え

① からだをささえるはたらき
② 関節
③ 筋肉
④ けん

14 空気と水のせいしつ

1 空気をとじこめたとき

注意 とじこめた空気は、おしちぢめることができる。

とじこめた空気は、強い力でおしちぢめられるほど体積《たいせき》は小さくなり、もとにもどろうとする力も強くなる。

とじこめた空気のせいしつを調べる。

❶空気をふくろに入れてとじこめると、空気が入っていることがわかる。

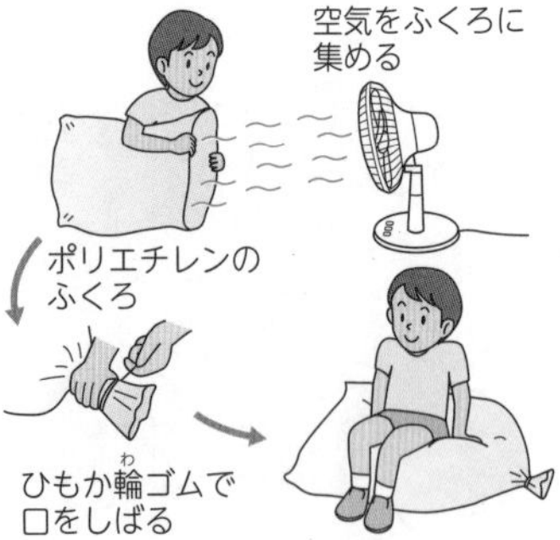

❷空気は、水の中であわになるので、目でたしかめられる。

❸空気は**おしちぢめることができ**、おしちぢめられた空気は**もとにもどろうとする**。

（↳体積が小さくなる）
（↱手ごたえが大きくなる）

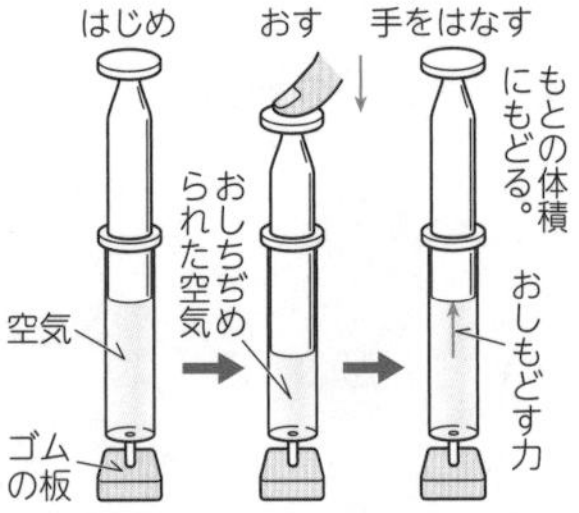

2 水をとじこめたとき

注意 とじこめた水はおしちぢめることができない。

とじこめた水のせいしつを調べる。

右の図のように、水をとじこめた注射《ちゅうしゃ》器《き》のピストンに力を加《くわ》えても、おしちぢめることができず、**ピストンを動かすことができない**。

（体積が変わらない↲）

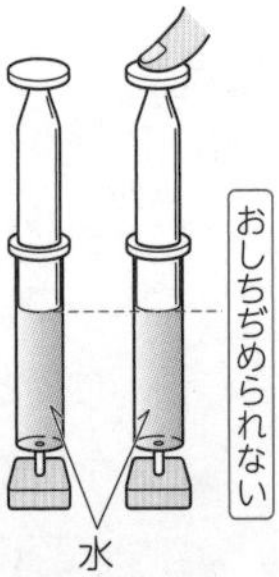

最重要ポイント

空気とちがい、水はおしても体積が**変化《へんか》しない**。

くわしい学習

●空気鉄ぽう

❶空気はおしちぢめられると、体積が小さくなり、もとにもどろうとするせいしつがある。

❷前の玉が飛《と》ぶ理由

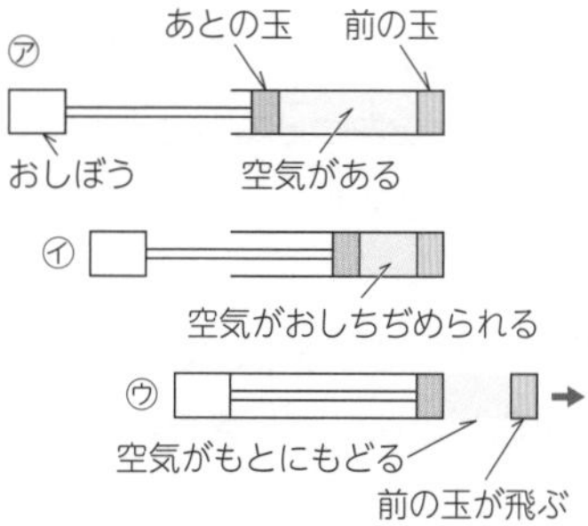

㋐つつのあとの玉と前の玉の間に空気が入っている。

㋑おしぼうをおすと、つつの中の空気がおしちぢめられる。

㋒おしちぢめられた空気が、もとにもどろうとする力で前の玉が飛ぶ。

●水や空気のせいしつの利用《りよう》

❶エアーポット

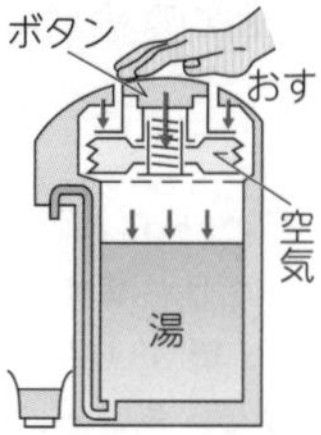

ボタンをおすと、中の空気がおされてちぢみ、湯が出てくる。

❷ボールや自転車

空気のおされたらもとにもどろうとする力を利用して、ボールやタイヤに空気を入れて使っている。

❸水鉄ぽう

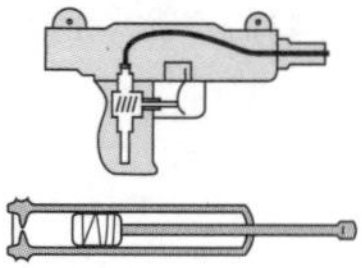

水は、おしてもちぢまないので、直接《ちょくせつ》水をおし出している。

チェックテスト

① とじこめた空気に力を加えると、体積はどのようになりますか。

② とじこめた水は、おしちぢめることができますか。

③ エアーポットは、空気のどのようなせいしつを利用したものですか。

答え

① 小さくなる
② できない
③ おしちぢめられるともとにもどろうとするせいしつ

15 季節と生き物（秋）

1 秋の植物のようす

注意 秋になると、サクラの葉は色づき、新しい芽《め》のじゅんびを始めている。

秋になると、木の葉が色づいたり花や実をつけるものがある。

❶**花だんで見られる花**…**キク**・コスモスなど。

❷**野山で見られる花**…ヒガンバナ・**ススキ**・ハギなど。

❸**葉の色づき**…秋になると、植物の中には葉が色づき、やがて落ちてしまうものがある。

㋐**赤く色づくもの(紅葉《こうよう》)**…**カエデ**・サクラなど。

㋑**黄色く色づくもの(黄葉《こうよう》)**…**イチョウ**・ケヤキなど。

❹**木の実**…秋になって木に実をつけるものがある。

➡クリ・カキ・アケビ・クヌギ・コナラ・シイなど。

最重要ポイント

秋になり、すずしくなってくると、植物の実がじゅくし、葉が黄色や赤色などに**色づいてくる**ものもある。

2 秋の動物のようす

❶**カエル・トカゲ**…すがたをかくしてしまう。（気温が低《ひく》くなる秋の終わりごろになると、体温も下がり、活動できなくなるため、土の中にもぐる。（↳冬みん）（⇨p.83））

❷**野原の虫**…夏の間、幼虫《ようちゅう》だった虫が大きくなって成虫《せいちゅう》になり、たまごを産《う》み始める。

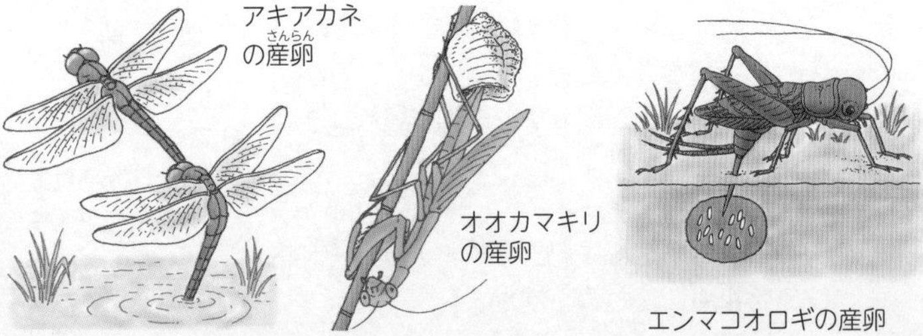

くわしい学習

●たねの散《ち》らばり方

❶風に飛《と》ばされて運ばれるもの

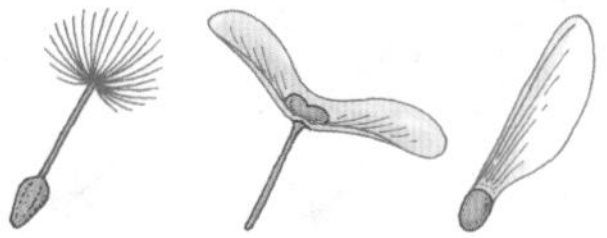

タンポポ　カエデ　アカマツ

❷はじけて遠くへ飛ぶもの

カタバミ　スミレ　ゲンノショウコ

❸動物の毛や衣服《いふく》について遠くへ運ばれるもの

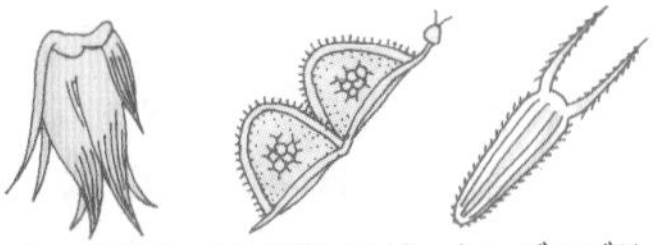

イノコヅチ　ヌスビトハギ　センダングサ

❹人や動物によって遠くへ運ばれるもの➡カキ・ドングリ・クルミ・ナンテンなど。

❺水に流されて遠くへ運ばれるもの
➡ハス・ヒシ・ヤシなど。

●**鳥のわたり**…鳥の中には季節《きせつ》と場所によって、決まってうつり動くものがある。これを**鳥のわたり**という。ツバメが、秋になって冬が近づくと、あたたかい南の島へうつり動くのは、日本では寒い冬にえさにする虫がいなくなるため、えさを求《もと》めて動くのである。

❶冬　鳥…秋、日本にやってきて、春、日本を去って北の国へ帰るのが**冬鳥**➡マガモ・コガモ・オオハクチョウ・ナベヅルなど。

❷夏　鳥…春、南の国から日本へやってきて、秋、日本を去って南の国へ帰るのが**夏鳥**➡ツバメ・ホトトギス・ブッポウソウ・オオルリ・サンコウチョウなど。

チェックテスト

① 秋になると、カエデの葉はどうなりますか。
② 秋になると、アキアカネは何をしますか。
③ 秋になって、鳴く虫を２つ書きなさい。
④ 夏とくらべ、秋は気温がどうなりますか。

答え

① 紅葉する
② たまごを産む
③ スズムシ・コオロギなど
④ 低くなる

16 ものの体積と温度

1 空気の体積《たいせき》と温度

右の図で、フラスコの中の空気はあたためられて温度が高くなり、ふくらんで体積がふえ、ピストンが上に上がる。

また、冷《ひ》やすと温度は低《ひく》くなり、体積はへり、ピストンが下がる。

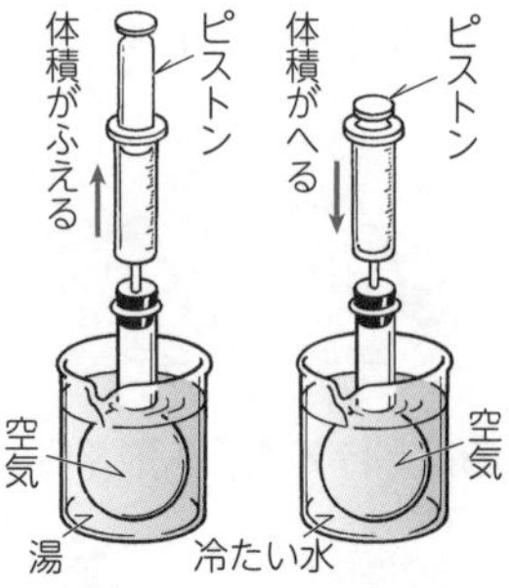

参考 へこんだゴムまりをあたためると中の空気の体積がふえてもとにもどる。

2 水の体積と温度

上の図の実験《じっけん》を水でも行い、フラスコの中の水をあたためると、水の体積はふえ、ピストンが少しだけ上がり、冷やすと水の体積はへり、ピストンが少しだけ下がる。

↳体積の変わり方は空気より小さい

3 金属《きんぞく》の体積と温度

金属はふつう、あたためられると体積はふえ、冷やされると体積はへる。しかし、体積の変《か》わり方は、ひじょうに小さい。

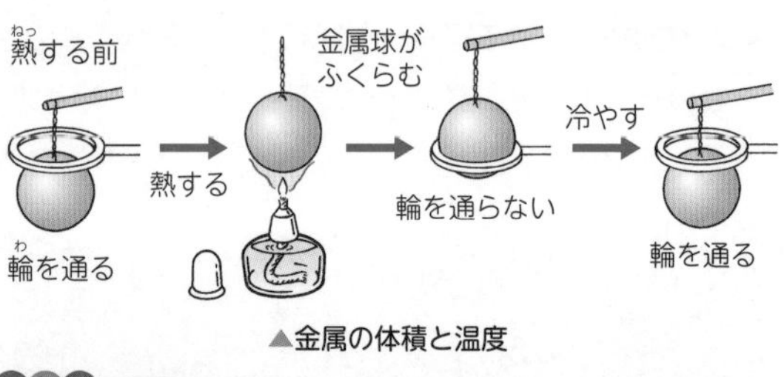

▲金属の体積と温度

注意 金属棒《ぼう》も金属球も、熱すると体積は変わるが、全体の重さは変わらない。

最重要ポイント

水・空気・金属は、あたためると体積がふえ、冷やすと体積がへる。

くわしい学習

●水の温度と体積の変わり方

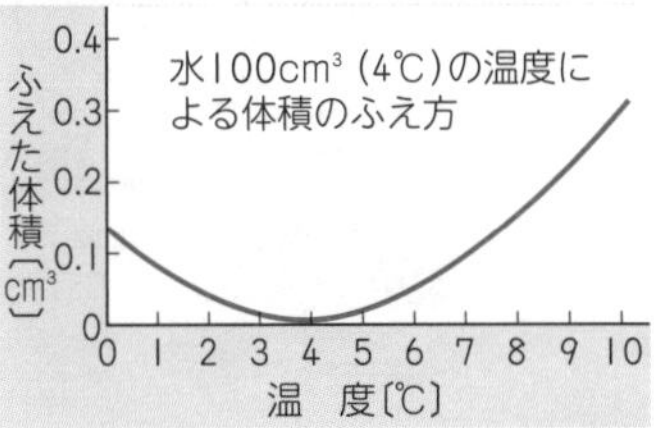

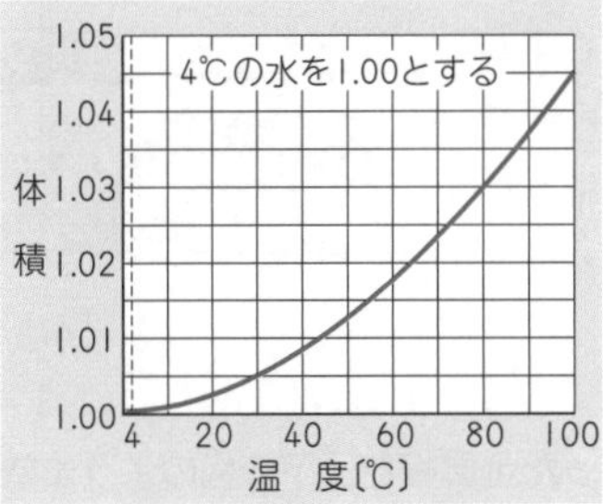

▲温度の変化と水の体積

水は4℃のときがいちばん体積が小さいので、同じ体積の水では、4℃のときがいちばん重い。

●鉄道のレールと温度

…レールは鉄でできている。鉄などの金属は温度によってのびたり、ちぢんだりし、夏になるとのびるので、レールのつぎ目をあけてある。

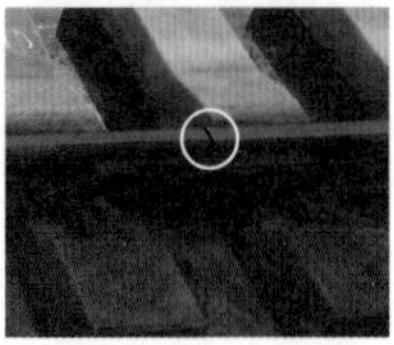

●水の体積の変化《へんか》をはっきりと見るには

…水は空気にくらべて、体積の変わり方が小さいので、水面の部分をガラス管《かん》などで細くすると、変化がよくわかるようになる。

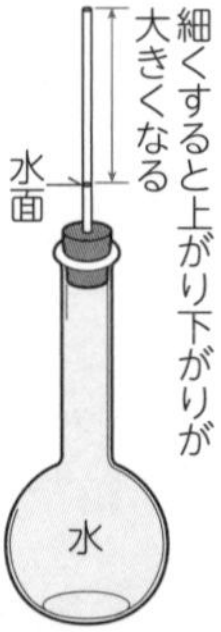

チェックテスト

① 4℃の水は温度が上がると、その体積はどう変わりますか。

② 同じ体積の水では、4℃の水の重さは、ほかの温度の水とくらべてどうですか。

③ 水と空気の、温度による体積の変わり方は、どちらが大きいですか。

④ 金属は、温度が上がると、その体積はどう変わりますか。

答え

① ふえる
② いちばん重い
③ 空気
④ ふえる

17 金属のあたたまり方

1 金属棒《きんぞくぼう》のあたたまり方

示温《しおん》テープをはった金属棒を下の図のように熱《ねっ》する。

❶金属棒のはし

熱したところから、順《じゅん》に色が変わる。

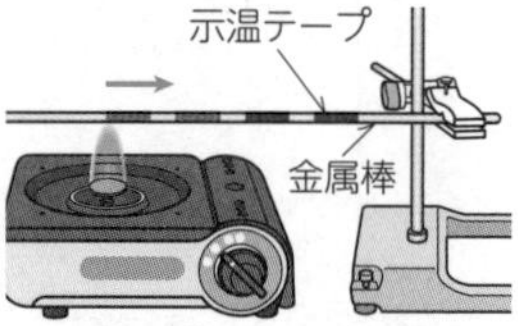

❷金属棒の真ん中

熱したところから、左右同じ速さで、示温テープの色が順に変わっていく。金属棒をななめにかたむけたときも同じである。

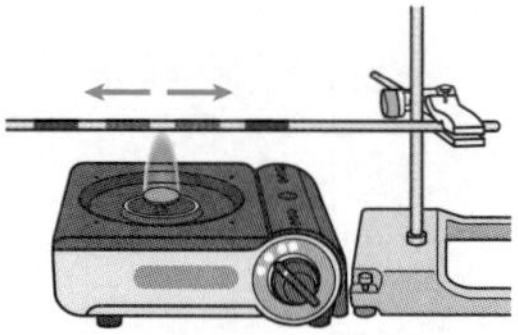

2 金属板のあたたまり方

注意 金属は、温度の高いほうから低いほうへ順に熱が伝わっていく。

示温テープをはった金属板を、下の図のように熱する。

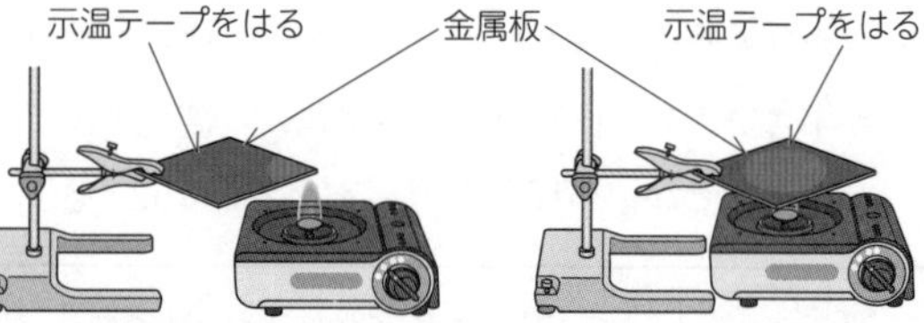

❶金属板のはし…熱したところから色が変わり、火から遠いところほど、変わり方がおそい。

❷金属板の真ん中…円をえがくように、全体に熱が伝《つた》わり、色が変わる。

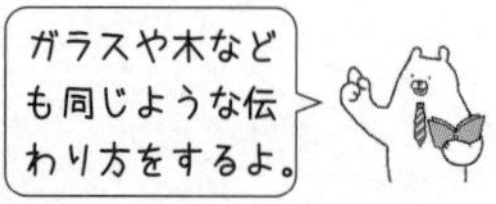

最重要ポイント

金属は熱したところから順にあたたまる。

くわしい学習

●もののあたたまり方

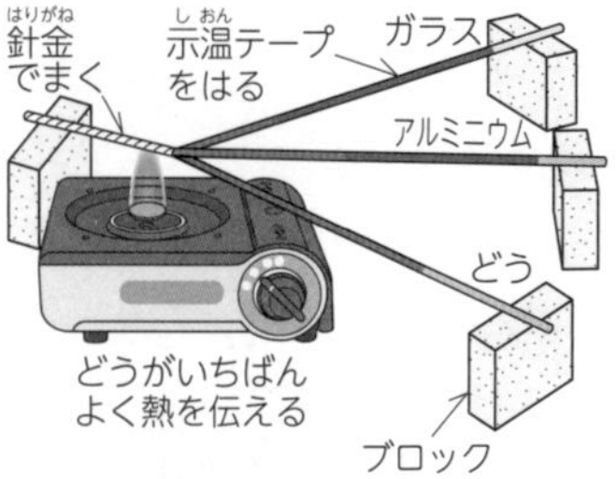

ガラスやアルミニウムなどのような固体《こたい》のあたたまり方を伝導《でんどう》といい、熱を伝える速さは、ものの種類《しゅるい》によってちがう。金属は、ガラスや木にくらべて熱が伝わる速さが大きい。

❶**良導体《りょうどうたい》**…熱を伝えやすいもの。

❷**不良導体**…熱を伝えにくいもの。

❸**金属が熱を伝える速さの順**

銀→どう→金→アルミニウム→あえん→ニッケル→鉄→白金

❹**金属以外《いがい》のものが熱を伝える速さ**

ガラス→水→木→毛布《もうふ》→空気

❺あたたまるのがはやいものは、冷《さ》めるのもはやい。

●金属板のあたたまり方

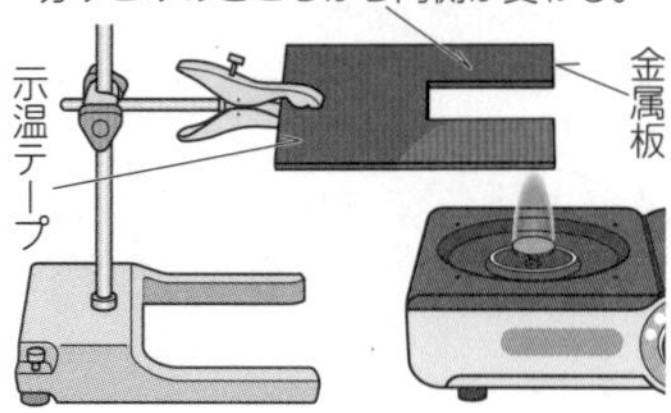
円をえがくように色が変わるが、切りこみのところから内側《うちがわ》が変わる。

●熱の伝わり方の利用《りよう》

❶やかんやなべなどは、アルミニウムや鉄やどうなどでつくられている。これは、これらの金属が熱をよく伝えるためである。

❷やかんやなべなどの取っ手はプラスチックや木などが使われている。これは、金属とちがい、プラスチックや木は熱を伝えにくいためである。

チェックテスト

① ろうをぬった金属板の真ん中を熱したとき、ろうのとけ方から、熱はどのような伝わり方をするといえますか。

② 金属を熱すると、熱はどのように伝わりますか。

答え

① 真ん中から円をえがくように伝わる

② 熱したところから順に伝わる

18 水・空気のあたたまり方

1 水のあたたまり方

注意 水を熱すると、あたためられた温度の高い水が上に上がり、温度の低《ひく》い上の水は、しだいに下に下がってくる。

下の図のように、ビーカーの底《そこ》にみそを入れて水の動きを調べる。

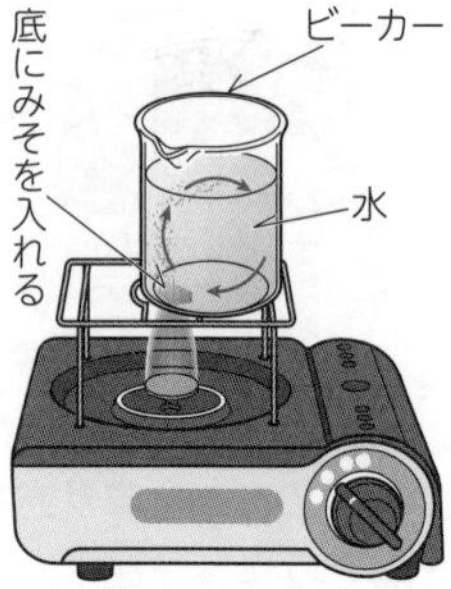
底にみそを入れる
ビーカー
水

❶みそは、熱《ねっ》しているところから上がる。

❷水面近くを通って熱源《ねつげん》のないほうへ下がる。

❸底にしずむと、熱源のほうへ動く。

❹熱せられてまた上のほうへ上がる。
↳同じ体積の水より軽くなる

❺これがくり返されて、水全体があたたまる。このような水の動きを対流《たいりゅう》という。

おふろのお湯は上のほうがあたたかくなりやすいよ。

2 空気のあたたまり方

空気があたためられて温度が高くなると、上のほうへ上がっていく。

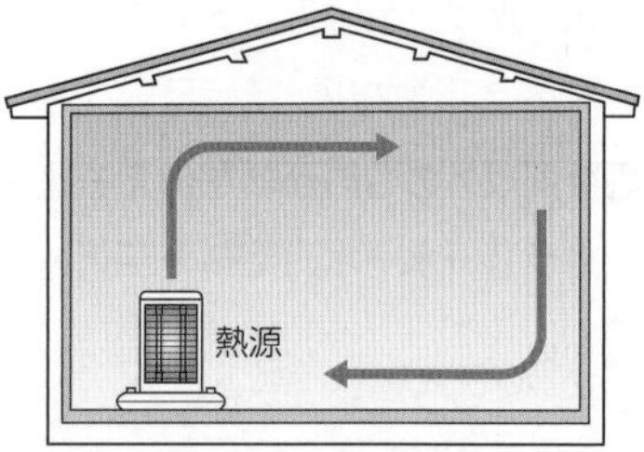
熱源

すると、まわりから温度の低い空気が流れてきてあたためられ、次々に上のほうへ上がり、しだいに全体の空気があたたまっていく。
↳対流によってあたたまる

最重要ポイント

空気も、水と同じように、あたためられた**空気が動く**ことによって、全体があたたまる。

くわしい学習

●水のあたたまり方(対流)

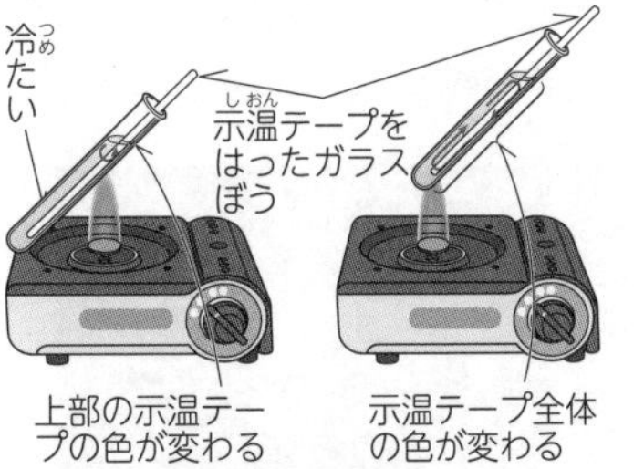

❶水の上部を熱した場合…上部の水がふっとうし始めても、下部の示温テープの色は変《か》わらない。

❷水の下部を熱した場合…上部から示温テープの色が変わってくる。しばらくすると、示温テープ全体の色が変わる。

●だんぼうしている部屋の温度

あたためられた空気が上に上がるため、ゆかの近くよりも、天じょうに近い高いところのほうが、温度が高くなっている。

●熱の伝《つた》わり方

熱の伝わり方には、金属《きんぞく》に見られた伝導《でんどう》、空気や水のような対流によるもののほかに、放射《ほうしゃ》という伝わり方がある。

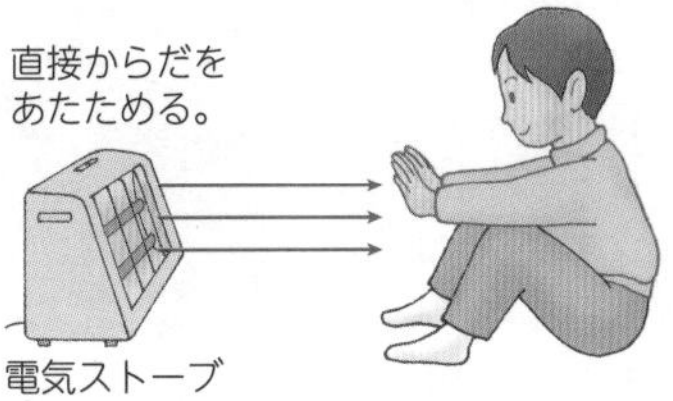

▲ストーブによる放射

ストーブの前にいるとあたたかいのは、ストーブが人のからだを直接《ちょくせつ》あたためるからである。これは放射によるあたたまり方である。

伝導や対流による熱の伝わり方には、金属や水などのように熱を伝えるものが必要《ひつよう》であるが、放射は何も必要としない。

チェックテスト

① 水を入れたビーカーの底《そこ》を熱すると、あたためられた水はどちらに動きますか。

② けむりを入れたビーカーの底を熱すると、上のほうのけむりはどちらに動きますか。

③ 水や空気のあたたまり方は、金属のあたたまり方と同じですか。

答え

① 上のほうへ上がる

② 下に下がる（下にしずむ）

③ ちがう

19 季節と生き物（冬）

1 冬の植物のようす

注意 寒い冬でも地面に葉を広げて寒さにたえている植物がある。
　地上部がかれても、地面の下では、新しい芽がじゅんびされている草花もある。

❶サクラは葉がほとんど落ち、そのあとに、うろこのような皮をかぶった芽《め》が残《のこ》っている。
↳冬芽

▲サクラの冬の芽

▲タンポポのロゼット

❷タンポポ・ナズナ・ヒメジョオンなどは、葉を地面に広げて、寒い冬をすごしている（**ロゼット**）。

2 冬の動物のようす

注意 虫は、いろいろなすがたで冬ごしをしている。
　池の中の魚は、水中の深いところで冬ごしをする。また、冬みんする動物や、わたりをする鳥もいる。

❶**虫のなかま**…たまご、幼虫《ようちゅう》、まゆ、さなぎ、成虫《せいちゅう》で寒い冬をこすくふうをしている。

▲イラガのまゆ

▲アゲハのさなぎ

▲カマキリのたまご

❷**冬のわたり鳥**…北の国からやってきた**冬鳥**が冬をこす。カモ・ハクチョウ・ガンなど。（⇨p.75）

最重要ポイント

気温が**低《ひく》く**なる冬には、植物がかれたり、動物のすがたが見られなくなったりする。

くわしい学習

●植物の冬ごし

❶落　葉…木の中には、秋から冬にかけて葉を落とし、冬ごしするものがある。➡サクラ・カエデなど。

❷木の芽の冬ごし(冬芽)

㋐うろこのようなかたい皮で包《つつ》まれているもの➡サクラ・シラカシなど。

㋑たくさんの毛で包まれているもの➡モクレン・コブシなど。

㋒ねばねばしたやにで包まれているもの➡トチノキなど。

❸草花の冬ごし

㋐地面に葉を広げて(ロゼットという)冬ごしするもの➡タンポポ・ナズナ・マツヨイグサ・ヒメジョオンなど。

㋑地上のくきや葉はかれても、芽や根で冬ごしするもの➡ススキ・キク・球根類《るい》など。

●こん虫の冬ごし

❶たまご…カマキリ・オビカレハ(木のえだや草)、コオロギ・スズムシ・バッタ(土の中)など。

❷幼　虫…カミキリムシ・ミノムシ(木のえだや草)・カブトムシ・コガネムシ(土の中)など。

❸さなぎ…アゲハ(木のえだや草)・ハエ(土の中)など。

❹成　虫…タテハチョウ(林の中)、アリ(土の中)、ミツバチ(巣《す》の中)、テントウムシ・ダンゴムシ(落ち葉や石の下)など。

●冬みんするもの

❶カエル…やわらかい土の中で冬ごしする。

❷ヘ　ビ…石や木の根の下に数ひきかたまって冬ごしする。

❸カタツムリ…木の根もと、落ち葉の中などで冬ごしする。

チェックテスト

① サクラはどのようにして冬ごししますか。

② タンポポやナズナはどのようにして冬ごししますか。

③ カマキリはどのようなすがたで冬ごししますか。

答え

① 葉を落とす

② 地面に葉を広げる(ロゼット)

③ たまご

20 雨水のゆくえと地面

1 地面のかたむきと水の流れ

参考 地面のかたむきを調べるには、ビー玉がころがるかどうかで調べることができる。

雨がふると、右の図のように、地面に川のような水の流れができることがある。

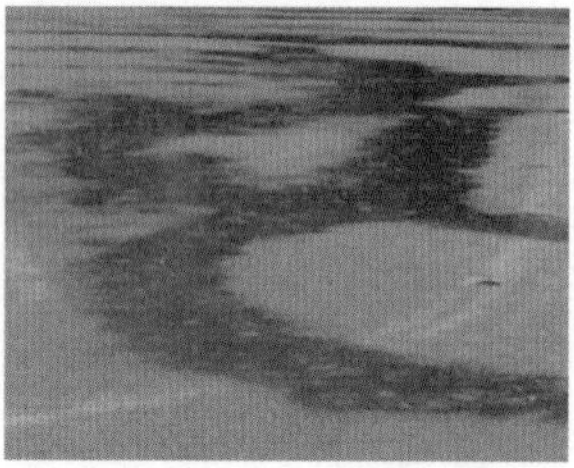

水の流れがあるところの地面のかたむきを調べると、地面はかたむいていて、水は、**高い**ところから**低《ひく》い**ところに向かって流れることがわかる。

低いところに流れた水は集まって、水たまりができることがある。

2 水のしみこみ方

下の図のように、水たまりができていた校庭の土と水たまりができていないすな場のすなで、水のしみこみ方のちがいを調べると、すな場のすなのほうが水が**はやく**しみこむ。

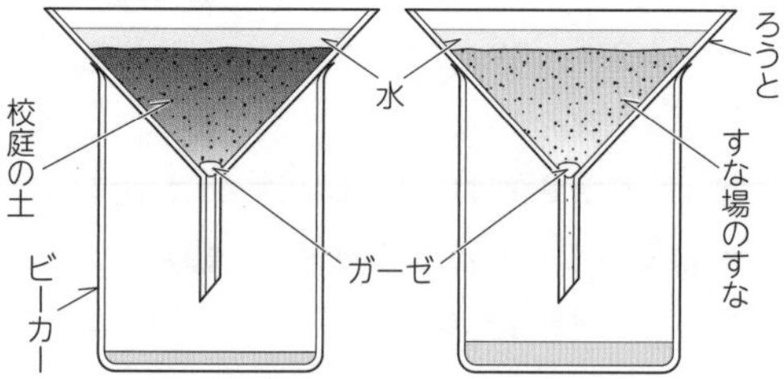

最重要ポイント

水のしみこみ方は土のつぶの**大きさ**によってちがい、土のつぶの大きさが**大きい**ほど、土に水がしみこみやすい。

くわしい学習

●**川の水の流れ**…山にふった雨水は、集まって小さな川となり、高いところ(上流)から低いところ(下流)へと流れるうちに、ほかの川といっしょに大きな川となり、海へ流れていく。

●**水の流れやすさのくふう**…水が高いところから低いところへ流れるせいしつを利用して、おふろ場や手あらい場などのはい水口は水が流れやすいように、いちばん低いところにつくられている。

●**雨水によるさい害**…雨が一度にたくさんふると、山のほうから土地の低いところへ水が流れて集まり、川の水があふれてこう水が起こったり、水がたくさん土にしみこんでがけがくずれやすくなったりするなどの、さい害が起こることがある。

これらのさい害をふせぐために、大雨がふって、川の水があふれそうになったときに、川の水を一時的にためる遊水池(遊水地)などのしせつをつくっている。

チェックテスト

① 水の流れがあるところでは、地面はどうなっていますか。

② 水たまりは、高いところと低いところのどちらにできますか。

③ 校庭の土とすな場のすなでは、どちらのほうがはやく水がしみこみますか。

答え

① かたむいている

② 低いところ

③ すな場のすな

21 水と水蒸気

1 水を熱《ねつ》したときのようす

注意 水がふっとうすると、水蒸気がたくさん出て水の量《りょう》がへる。

水を熱し続《つづ》けると、次のようすが見られる。

❶水の温度がだんだん上がる。

㋐フラスコの外側《そとがわ》が白くくもる。

㋑小さな水のつぶがフラスコの内側につく。

㋒水中にあわができて、それが水面に向かって上がっていく。
↳空気のあわ

❷水の温度が 100 ℃に近づくと、さかんに大きなあわが出てふっとうする。これ以上《いじょう》温度は上がらない。

最重要ポイント

水は、温度によって氷(**固体**《こたい》)、水(**液体**《えきたい》)、水蒸《すいじょう》気《き》(**気体**)の3つのすがたに変《か》わる。

2 水蒸気と湯《ゆ》気《げ》

注意 水蒸気は気体であるが、湯気は液体(細かい水のつぶ)である。

❶**水蒸気**…下の図のすき通っている部分。

㋐水蒸気は、目に見えない気体である。

㋑水蒸気は、冷《ひ》えると、もとの液体の水にもどる。

㋒体積《たいせき》はもとの水のおよそ1700倍。

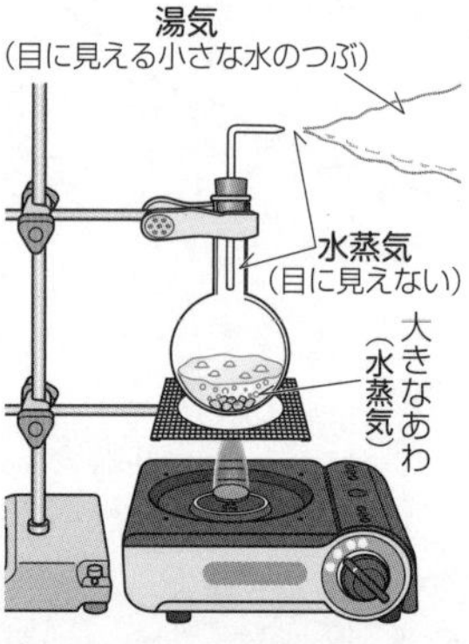

❷**湯　気**…水が熱せられるときに出る白いけむりのようなものを湯気という。湯気は、水蒸気が空気中で冷えて、小さな水のつぶになったもので、蒸発して、また目に見えない水蒸気になる。
↳水てき

くわしい学習

●水がふっとうするまでのようす

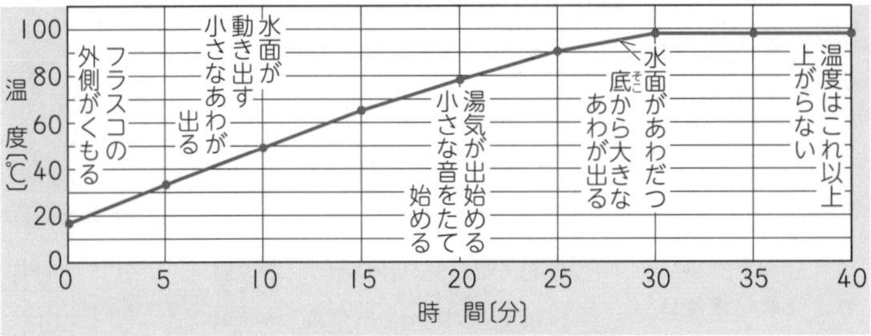

❶**フラスコに入れた水をあたため始めると、フラスコの外側がくもる**

　アルコールランプのアルコールがもえるときにできる水蒸気が、冷《つめ》たいフラスコにふれ、小さな**水のつぶ**になるからである。

❷**小さなあわが出てくる**…水にとけていた空気が気体になって出てきたものである。

❸**大きなあわが出てくる**…水が水蒸気になったものが出てきたものである。

❹**冷《さ》めた水のかさ**…蒸発した水の分だけ少なくなる。

●蒸発とふっとう

❶**蒸発**…液体が気体になるとき、液体の表面から気体になることを**蒸発**という。蒸発は、どんな温度のときでもたえず行われるが、まわりの温度やしつ度にえいきょうされる。

❷**ふっとう**…液体の内部で起こる気体への変《へん》化《か》で、水のふっとうは約《やく》100℃近くで起こる。

チェックテスト

① 水がふっとうするときの温度は約何℃ですか。

② 水は熱し続けると100℃以上になりますか。

③ 水がふっとうしているときのあわは何ですか。

答え

① 約100℃
② ならない
③ 水蒸気

22 水と氷

1 水を冷《ひ》やしたときのようす

注意 水は、全部がこおるまでは0℃より低《ひく》い温度に下がらない。全部こおり終わると、0℃以下《いか》になる。

❶**水を冷やす**…試験管《しけんかん》に水を入れ、細かくくだいた氷に食塩《しょくえん》をまぜたビーカーの中で、試験管のまわりを冷やす。

㋐0℃でこおり始める。
↳まわりからこおる

㋑試験管の中の水が全部こおると、温度は下がり始める。

▶水の冷やし方

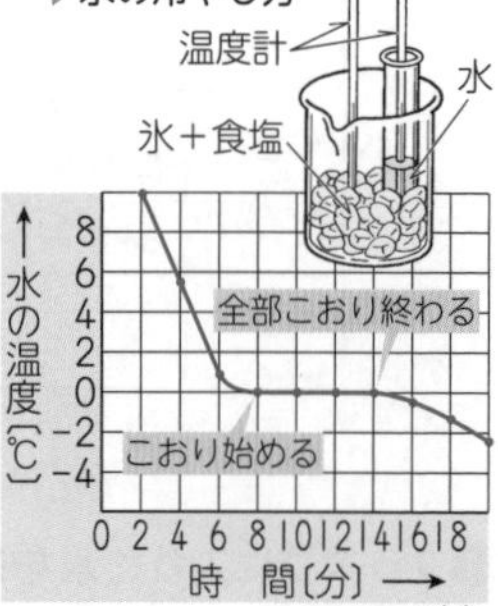

▲水がこおるときの温度の変化《へんか》

❷**水の体積《たいせき》と重さ**…水は、こおると体積はふえるが、重さは変《か》わらない。

2 氷がとけるときのようす

注意 氷がとけ始める温度は0℃である。とけ終わるまでは0℃で、水の温度は上がらない。

❶氷の温度がおよそ0℃でとけ始め、氷が全部とけ終わるまでは、温度は変わらない。氷が全部とけると、温度は上がり始める。

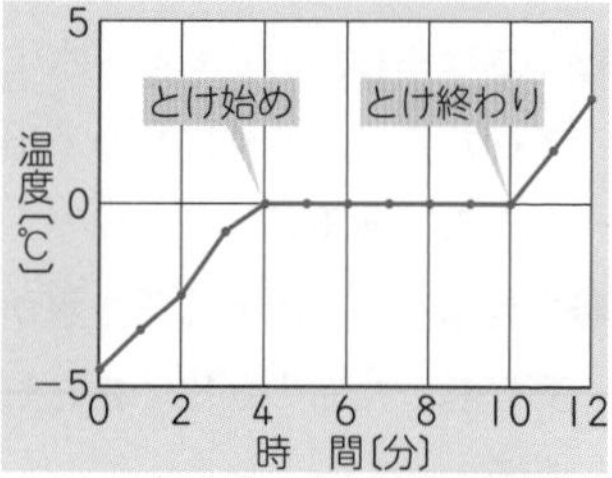

▲氷がとけるときの温度の変化

❷**氷の体積と重さ**…氷がとけて水になると、体積はへる。重さは変わらない。

最重要ポイント

氷は0℃でとけ始め、全部がとけ終わるまで、温度は変わらない。

くわしい学習

●0℃より低い温度のはかり方

❶温度計の目《め》盛《も》り

㋐**温度計の100℃**…水がふっとうし、水蒸気《すいじょうき》になったときの温度を100℃と決めている。

㋑**温度計の0℃**…水が氷になったときの温度を0℃と決めている。

㋒**温度計の目盛り**…0℃から100℃までの間を等しく分けて目盛りをつけている。

❷0℃より低い温度の読み

氷に食塩をまぜると、0℃より低い温度になる。このときの温度の読み方を、れい下(または氷点《ひょうてん》下《か》、マイナス)何度と読む。右の図のようなときは、0から下へ目盛りを数え、れい下8度と読み、「−8℃」と書く。

●水が氷になるときの体積の変わり方

❶水が氷になるとき…体積はふえる。水が氷になるとき、その体積は、水のときの体積の $\frac{1}{10}$ ほどふえる。

❷氷がとけて水になるとき…体積はへる。氷が水になるとき、その体積は、もとの水の体積にもどる。

❸氷は水にうかぶ…同じ体積の水と氷の重さをくらべると、氷のほうが軽い。そのため、氷は水にうかぶ。

❹氷結《ひょうけつ》の害《がい》…水が氷になると、その体積は、わずかにふえる。冬の寒い朝に、水がこおって水道管《すいどうかん》をはれつさせたり、岩をわったり、土をもち上げたりするのは、水の体積がふえたためである。

チェックテスト

① 水がこおり始めるときの温度は何℃ですか。
② 水がこおると、体積はどうなりますか。
③ 氷がとけ始めるときの温度は何℃ですか。
④ 氷が水になると、重さはどうなりますか。

答え

① 0℃
② ふえる
③ 0℃
④ 変わらない

23 空気中の水蒸気

1 氷水を入れたコップ

注意 コップの外《そと》側《がわ》の水てきは、空気中の水蒸気が冷やされて液体《えきたい》になったものである。

かわいているコップの中に氷水を入れ、ラップフィルムでふたをして置いておく。しばらくすると、コップのまわりにたくさんの水てきがつく。これは、氷水によって、コップのまわりの空気が冷《ひ》やされて、その空気にふくまれていた水蒸気《すいじょうき》が水てきになったものである。

2 まどガラスのくもり

冬の寒い日に、まどガラスの内側がくもり、水てきが流れているのをよく見かける。これは、室内の水蒸気が冷《つめ》たいガラスにふれて冷やされて、空気中にふくまれている水蒸気が、水てきになったためである。
↳しだいに大きくなって流れ出す

3 ペットボトルについた水てき

冷蔵庫《れいぞうこ》で冷やしたペットボトルを外に出すと、ペットボトルのまわりに水てきがつく。これは、空気中にふくまれていた水蒸気が冷やされて、水てきになったものである。

最重要ポイント

空気中には、水蒸気がある。また、空気中の水蒸気は、冷やされるとふたたび水にすがたを変《か》える。

4 しつ度

空気中にふくまれている水蒸気の割合《わりあい》をしつ度という。一定の体積《たいせき》の空気中にふくむことのできる水蒸気の量《りょう》は、そのときの気温によって決まっている。

くわしい学習

●空気を冷やすと水てきが出てくる理由

❶空気中の水蒸気の量と気温

空気中にふくむことのできる水蒸気の量は、気温によって決まっている。気温が高いほど、たくさんの水蒸気をふくむことができる。

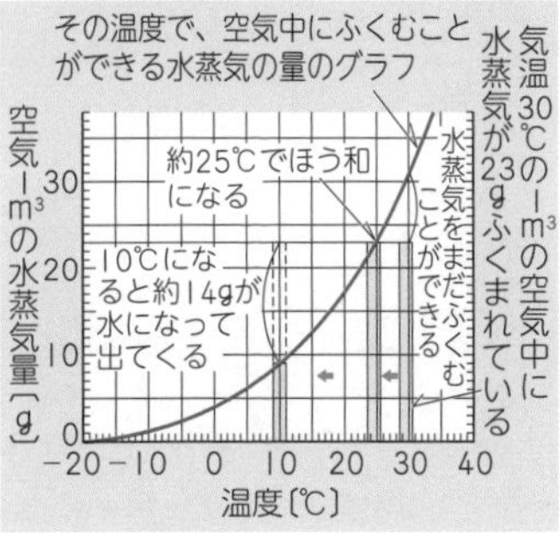
その温度で、空気中にふくむことができる水蒸気の量のグラフ
気温30℃の1m³の空気中に水蒸気が23gふくまれている
約25℃でほう和になる
水蒸気をまだふくむことができる
10℃になると約14gが水になって出てくる
空気1m³の水蒸気量〔g〕
0
10
20
30
−20
−10
0
10
20
30
40
温度〔℃〕

❷温度が下がると水てきになる理由

あたたかい空気は、水蒸気を多くふくむことができるが、冷たい空気は水蒸気を少ししかふくむことができない。そのため、空気が冷えてふくみきれなくなった水蒸気が水となって出てくる。

●ほう和水蒸気量

❶ほう和…ある温度でそれ以上《いじょう》空気中に水蒸気をふくむことができなくなったじょうたいを、ほう和という。例《たと》えば、ふろ場で湯気がたちこめるのは、空気中にふくみきれなくなった水蒸気が水となって出てきたためで、ふろ場の空気はほう和じょうたいになっている。

❷ほう和水蒸気量…空気中にふくむことのできる水蒸気の量をほう和水蒸気量という。空気１m³中に、気温0℃で4.8g、30℃で30.4gである。

チェックテスト

① 氷水を入れたコップの外側に水のつぶがつくのはなぜですか。

② 空気中にふくまれている水蒸気の割合を何といいますか。

③ 空気中にふくむことのできる水蒸気の量が多いのは、気温が高いときと低《ひく》いときのどちらですか。

答え

① 空気中の水蒸気が冷やされて水てきになったから

② しつ度

③ 高いとき

24 空気中の水の変化

1 空気を冷《ひ》やす

空気中には、**水蒸気《すいじょうき》**が多くふくまれている。

最重要ポイント

空気を冷やすと、空気中にふくまれていた水蒸気が**液体《えきたい》**の水になる。

2 雲、雨、雪

参考 雪の結《けっ》しょうは、空気中の水蒸気が変化《へんか》してできた、最《もっと》も美しい水のすがたの1つである。

❶**雲**…空気中の水蒸気が上空に上がって冷え、小さな水や氷のつぶとしてうかんでいるものが**雲**である。

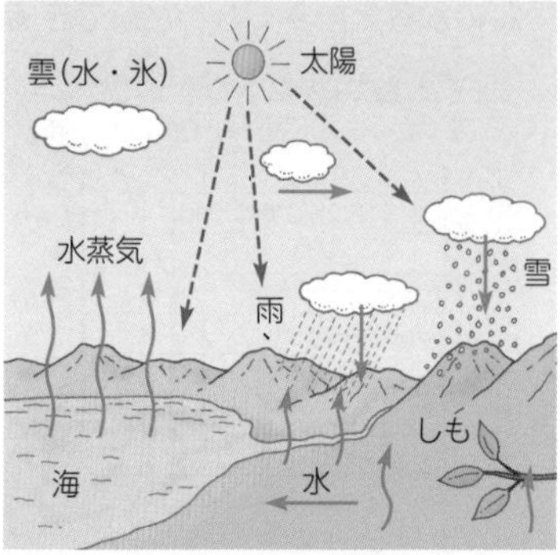

❷**雨**…雲になってうかんでいる小さな水や氷のつぶが大きくなって、地上に落ちてきたものが**雨**である。
↳氷のつぶがとけて落ちたものが雨

❸**雪**…雲になってうかんでいる小さな氷のつぶが大きく成長《せいちょう》して、地上に落ちてきたものが**雪**である。
↳氷の結しょうのまま落ちてくる

3 つゆ、しも

❶**つ　ゆ**…地面が冷えると、それによって空気が冷やされ、空気中の水蒸気が、草木の葉などに水てきとなってついたものが**つゆ**である。

❷**し　も**…地面や地面近くの温度が0℃以下《いか》に下がったとき、空気中の水蒸気がこおって、小さな氷となってものにくっつく現象《げんしょう》を**しも**という。

くわしい学習

●雨がふるまで

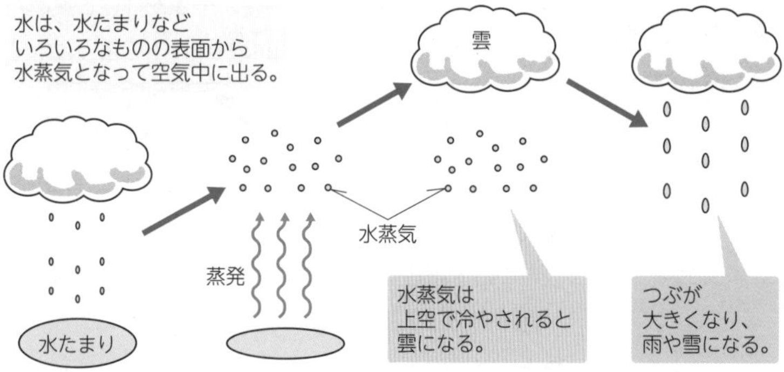
水は、水たまりなど
いろいろなものの表面から
水蒸気となって空気中に出る。
雲
水たまり
蒸発
水蒸気
水蒸気は
上空で冷やされると
雲になる。
つぶが
大きくなり、
雨や雪になる。

自然《しぜん》の中の水(**液体**)は、目に見えない水蒸気(**気体**)や氷や雪(**固体**《こたい》)と、すがたを変《か》えながら、自然界をめぐっている。

●**飛行機雲**《ひこうきぐも》…温度が低《ひく》く、しめった上空を飛行機が飛《と》ぶと、飛行機のはい気ガスの中の水蒸気が急に冷えて、氷のつぶとなる。これが飛行機雲の正体である。

●**寒い日の白い息**…人の口から出る空気はあたたかく、水蒸気をふくんでいる。この水蒸気が外の空気で冷やされて、小さな水てきとなる。これが白い息の正体である。

チェックテスト

次のものを何といいますか。

① 空気中の水蒸気が上空で冷え、小さな水や氷のつぶになってうかんでいるもの。

② 空気中の水蒸気が、草木の葉などに水てきとなってついたもの。

③ 空気中の水蒸気が、冷えた地面やものに氷となってついてできたもの。

④ 雲となってうかんでいた水や氷のつぶが大きくなり集まって落ちてくるもの。

答え

① 雲
② つゆ
③ しも
④ 雨や雪

1 大きい数

1 大きい数の表し方

➡例題 1、2

❶千万を 10 こ集めた数を一億《おく》、千億を 10 こ集めた数を一兆《ちょう》という。兆までの位《くらい》取《ど》りは、下のようになる。

4 7	5 1 6 9	2 0 3 0	0 0 0 0
千百十一 兆	千百十一 億	千百十一 万	千百十一

❷大きい数は、数字を **4 けた**ずつ区切り、万・億・兆をつけて読む。上の表の数は、**四十七兆五千百六十九億二千三十万**と読む。

└→右から順に区切る

❸六兆八百四十億三千五万を数字で書くときは、次のように、4 けたずつの区切りにあてはめて書く。

千百十一 兆	千百十一 億	千百十一 万	千百十一
6	0 8 4 0	3 0 0 5	0 0 0 0

2 大きい数のしくみ

➡例題 2

参考 「10 でわる」ことは、「$\frac{1}{10}$ にする」こと、「100 でわる」ことは、「$\frac{1}{100}$ にする」ことと同じ。

❶10倍した数、10でわった数

最重要ポイント

10 倍すると、位が 1 つ**上がる**。

10 でわると、位が 1 つ**下がる**。

	億	万		
	3200	0000	0000	
10倍	320	0000	0000	
10倍	32	0000	0000	
	3	2000	0000	10でわる
		3200	0000	10でわる

※100 倍すると、位は 2 つ上がり、

100 でわると、位は 2 つ下がる。

例題と答え

例題1 大きい数の表し方

(1)「503200000810」を漢字で書きなさい。

(2) 1兆を30こと1億を8470こ合わせた数を数字で書きなさい。

(3) 下の数直線で、㋐、㋑にあてはまる数を書きなさい。

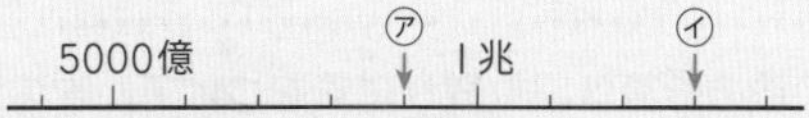

答え (1) 五百三億二千万八百十

(2) 30847000000000

(3) ㋐9000億　㋑1兆3000億

例題2 大きい数のしくみ

(1) 次の数を求《もと》めなさい。

① 5億の100倍

② 680億を10でわった数

(2) 0から9までの10この数字を全部使ってできる、いちばん小さい数を書きなさい。

答え (1) ①500億　②68億

(2) 1023456789

考え方

1. 👉**1**

(1)4けたごとに区切る。

503 ┊ 2000 ┊ 0810
億 ┊ 万 ┊

(2)億や兆を、ひとまとまりと考えて書く。

(3)数直線の1目もりの大きさを考える。

2. 👉**1**、**2**

(1)100倍すると位が2つ上がる。また、10でわると位が1つ下がる。

(2)いちばん大きい位に0はおけない。

算数

チェックテスト

次の数について答えなさい。

2092560000000
↑㋐　↑㋑

① この数を漢字で書きなさい。

② ㋐の位は㋑の位の何倍ですか。

答え

① 二兆九百二十五億六千万

② 1000倍

考え方 4けたで区切る。

兆 ┊ 億 ┊ 万 ┊
2 ┊ 0925 ┊ 6000 ┊ 0000
↑㋐　↑㋑

2 大きい数の計算

1 和・差《さ》・積《せき》・商

➡例題1、2

❶和…たし算の答え

❷差…ひき算の答え

❸積…かけ算の答え

❹商…わり算の答え

わり算のあまりは、商に入れない。

2 大きい数の計算

➡例題1、2

注意 大きい数の計算は、0のこ数に気をつける。

❶大きい数の計算は、位取《くらいど》りに気をつけて、次のように考える。

23000000000000＋18000000000000

＝23兆《ちょう》＋18兆＝41兆

83000000000－3000000000

＝830億《おく》－30億＝800億

2400000000×500

＝24億×500＝12000億＝1兆2000億

7200000000÷1000

＝72億÷1000＝720000万÷1000＝720万

3 大きい数のかけ算

➡例題3

❶かける数の十の位が0である3けた×3けたの計算は、積が0になる計算を省《はぶ》く。

```
   527
 ×204
  2108
 1054
107508
```

❷**終わりに0のある数のかけ算**

最重要ポイント

0を省いて計算して、積の右に、省いた0の数だけ0をつける。

```
   48|00
  ×53|0
  144|
 240 |
 2544|000
```

例題と答え

考え方

例題1 和と差

次の和や差を求《もと》めなさい。

① 27億+68億　② 76兆−32兆

答え　①95億　②44兆

1. ☞1、2

Ⅰ億、Ⅰ兆がいくつあるかを考えて計算する。

算数

例題2 積と商

次の積や商を求めなさい。

① 270000×6　② 83億×4

③ 420000÷7　④ 960億÷10

答え　①1620000　②332億　③60000　④96億

2. ☞1、2

大きい数の計算では、下の位が0になっていることをじょうずに使って計算する。

例題3 大きい数のかけ算

次の計算を筆算でしなさい。

① 437×219　② 76×523

③ 892×109　④ 3900×410

答え　①95703　②39748　③97228　④1599000

3. ☞3

チェックテスト

① 438万と392万の差を、求めなさい。

② 9400×2030を、筆算でしなさい。

答え

① 46万　② 19082000

考え方 ① 438−392をもとにして考える。

② 1. 0を省いて計算する。
2. 積の右に、省いた0の数だけ0をつける。

3 わり算の筆算(1)

1 何十、何百のわり算

➡例題1

注意 何十、何百をわる計算は、10の束《たば》、100の束にして計算する。

例「60まいの色紙を2人で同じ数ずつ分ける。1人分は何まいですか。」という問題の、計算のしかた

↳わり算の式をつくる

❶問題に合う式を書く。

⇨ 60÷2

❷10まいの束で考えて、計算する。

⇨ 6÷2=3(束)

❸1人分は何まいかを求《もと》める。

⇨ 60÷2=30(まい)

2 2けたの数をわる計算①

➡例題2、3

注意 わり算の答えのことを商という。わったときのあまりは、いつでもわる数より小さいことをたしかめる。

例 56÷3の筆算のしかた

❶筆算でするには、右のように書く。

❷5÷3=1 あまり 2

十の位《くらい》に1をたてる。

3×1=3、5−3=2

❸一の位の6をおろす。

❹26÷3で、一の位に8をたてる。

❺3×8=24、26−24=2

❻あまりの2が、わる数の3より小さいことをたしかめる。

❼わり算の答えは、次のようにしてたしかめる。

3×18+2=54+2=56

↑わる数 ↑商 ↑あまり ↑わられる数

```
3)56
 ↓
  1
3)56
  3
  2
 ↓
  1
3)56
  3
  26
 ↓
  18
3)56
  3
  26
  24
   2
```

最重要ポイント

わる数×商+あまり=**わられる数**

例題と答え

例題1 何十、何百のわり算

次のわり算をしなさい。

① 80÷4　② 900÷3

答え ①8÷4=2　80÷4=20

②9÷3=3　900÷3=300

例題2 2けたの数をわる計算 ①

次のわり算をしなさい。

① 6)78　② 5)85　③ 4)96

答え

①
```
   13
6)78
  6
  18
  18
   0
```
②
```
   17
5)85
  5
  35
  35
   0
```
③
```
   24
4)96
  8
  16
  16
   0
```

例題3 あまりのあるわり算

次のわり算をしなさい。

① 7)87　② 4)63　③ 2)95

答え

①
```
   12
7)87
  7
  17
  14
   3
```
②
```
   15
4)63
  4
  23
  20
   3
```
③
```
   47
2)95
  8
  15
  14
   1
```

考え方

1. 1

①80を10の8つ分として考え、8÷4の計算をし、その答えを10倍する。

2. 2

十の位から順《じゅん》に計算する。

3. 2

わり算のあまりは、いつでもわる数よりも小さくなる。もし大きかったら、商を1だけ大きくする。

算数

チェックテスト

次のわり算をしなさい。

① 4)92

② 7)85

答え

① 23　② 12あまり1

4 わり算の筆算(2)

1 2けたの数をわる計算②

➡例題1、2

例 62÷3の筆算のしかた

❶筆算でするには、右のように書く。

$$\begin{array}{r} 3\overline{)62} \end{array}$$

❷6÷3＝2
十の位《くらい》に2をたてる。
3×2＝6

$$\begin{array}{r} 2 \\ 3\overline{)62} \\ 6 \\ \hline \end{array}$$

❸6－6＝0
(〜のところの0は書かなくてよい。)
一の位の2
をおろす。

$$\begin{array}{r} 2 \\ 3\overline{)62} \\ 6 \\ \hline 2 \end{array}$$

❹2は3でわれないので、一の位に0をたてる。

❺3×0＝0
2－0＝2

$$\begin{array}{r} 20 \\ 3\overline{)62} \\ 6 \\ \hline 2 \\ 0 \\ \hline 2 \end{array}$$

2 3けたの数をわる計算

➡例題3

注意 2けたの数をわる計算と同じようにする。

例 743÷3の筆算のしかた

❶

$$\begin{array}{r} 2 \\ 3\overline{)743} \\ 6 \\ \hline 1 \end{array} \rightarrow \begin{array}{r} 24 \\ 3\overline{)743} \\ 6 \\ \hline 14 \\ 12 \\ \hline 2 \end{array} \rightarrow \begin{array}{r} 247 \\ 3\overline{)743} \\ 6 \\ \hline 14 \\ 12 \\ \hline 23 \\ 21 \\ \hline 2 \end{array}$$

❷わり切れないときは、商とあまりを書く。

最重要ポイント

大きい位から計算する。商が百の位にたたないときは、十の位からたてる。

例題と答え

例題1 2けたの数をわる計算 ②

次のわり算をしなさい。

① 3)69　② 4)84　③ 2)68

答え ①23　②21　③34

例題2 あまりのあるわり算

次のわり算をしなさい。

① 3)92　② 7)73　③ 2)61

答え

```
①   30     ②   10     ③   30
  3)92       7)73       2)61
    9          7          6
    ―          ―          ―
     2          3          1
     0          0          0
     ―          ―          ―
     2          3          1
```

例題3 3けたの数をわる計算

次のわり算をしなさい。

① 4)548　② 7)452

答え

```
①   137      ②    64
  4)548        7)452
    4            42
    ―            ――
    14            32
    12            28
    ――            ――
     28            4
     28
     ――
      0
```

考え方

1. ☞1

わり算は大きい位から計算する。

2. ☞1

わり算のあまりは、いつでもわる数よりも小さくなる。

3. ☞2

チェックテスト

734まいの色紙を、5人で同じ数ずつ分けます。1人分は何まいになって、何まいあまりますか。

答え

1人分146まい
あまり4まい

5 わり算の筆算(3)

1 2けたの数でわる計算

➡例題 1

注意 かりの商が大きすぎたときは、商を1ずつ小さくする。

最重要ポイント

商の見当をつけ、**かりの商**をたてる。
わる数×かりの商がわられる数より大きいときは、商を1ずつ小さくする。

例 87÷26 の筆算のしかた

❶筆算でするには、右のように書く。
❷80÷20 をして、**かりの商**4を書く。
❸26×4 をして、わられる数より大きいときは、商を1小さくする。
❹26×3=78　87−78=9
9は26より小さい。
※ わる数と商との積《せき》が、わられる数からひけるようになるまで続《つづ》ける。

```
26)87
  ↓
     4
26)87
  ↓
     4
26) 87
   104
  ↓
     3
26)87
   78
    9
```

2 商が2けたになるわり算

➡例題 2、3

注意 わったときのあまりは、いつでもわる数より小さいことをたしかめる。

例 912÷34 の筆算のしかた

❶90÷30 で商の十の位《くらい》の見当をつける。

```
      3
34) 912
    102
```

❷34×3=102 より、商を1小さくする。

❸

```
      2              2              26
34)912   ➡   34)912   ➡   34)912
    68             68             68
    23             232            232
                                  204
                                   28
```

91を34でわって商2、あまり23	一の位の2をおろして232	232を34でわって商6、あまり28

例題と答え

例題1 2けたの数でわる計算

次のわり算をしなさい。

① 18)72 ② 25)75 ③ 36)216

答え ①4 ②3 ③6

例題2 商が2けたになるわり算

次のわり算をしなさい。

① 14)364 ② 21)357

答え

①
```
     26
14)364
   28
    84
    84
     0
```

②
```
     17
21)357
   21
   147
   147
     0
```

例題3 あまりのあるわり算

次のわり算をしなさい。

① 27)492 ② 35)850

答え

①
```
     18
27)492
   27
   222
   216
     6
```

②
```
     24
35)850
   70
   150
   140
    10
```

考え方

1. ☞1

①70÷20 で商の見当をつける。

③36 は 21 より大きいから商は一の位にたつ。

2. ☞2

わり算は、商のたつ位を決めてから、

たてる→かける→ひく→おろす

このくり返しで計算する。

3. ☞2

わり算のあまりは、いつでもわる数よりも小さくなる。もし大きかったら、商を1ずつ大きくする。

チェックテスト

ゆかさんは、900円で、1こ65円のパンをできるだけたくさん買いました。パンはいくつ買えて、残《のこ》りは何円ですか。

答え

13こ買えて、55円残る

考え方 900÷65 で求《もと》める。

6 がい数と見積もり

1 がい数

➡例題 1

注意 小数点をふくむがい数は、次のように表す。
上から2けたのがい数をつくるとき、
2.984 → 3.0
と0をつける。

❶およその数をがい数という。

例 867462 人 ⟶ およそ 87 万人
└→がい数

❷がい数をつくるには、ふつうは四《し》捨《しゃ》五《ご》入《にゅう》する。

最重要ポイント

四捨五入…必要な位《くらい》の1つ下が、
- 0、1、2、3、4 のとき、切《き》り捨《す》てる。
- 5、6、7、8、9 のとき、切り上げる。

例 2876635 をがい数で表すと、

・一万の位まで → 2880000（288 万）

・上から2けた → 2900000（290 万）

❸以上《いじょう》…3以上は、ちょうど3か、3より大きい

未満《みまん》…3未満は、3より小さい(3はふくまない)

以下《いか》…3以下は、ちょうど3か、3より小さい

2 和や差《さ》の見《み》積《つ》もり

➡例題 2

❶求《もと》めたい位までのがい数にしてから、計算する。

例 862892＋479321 の和(一万の位までのがい数)

862892 → 86 万
479321 → 48 万
86 万＋48 万＝134 万

3 積《せき》や商の見積もり

➡例題 3

❶**積や商の大きさ**の見当をつけるには、ふつう、上から1けたのがい数にしてから計算する。

例 7925×4064
→ 8000×4000＝32000000

例 89600÷3150 → 90000÷3000＝30

例題と答え

例題1 がい数をつくる

次の数を、(　)内のがい数で表しなさい。

① 73984659　(一万の位)

② 39687412　(上から2けた)

答え　①73980000　②40000000

例題2 和や差の見積もり

(　)内のがい数にして、計算しなさい。

① 24853+61298(千の位)

② 79605−37499(上から2けた)

答え　①86000　②43000

例題3 積や商の見積もり

次の計算の見積もりはどちらがよいですか。

① 628×895

㋐700×900　㋑600×900

② 59038÷92

㋐60000÷90　㋑50000÷90

答え　①㋑　②㋐

考え方

1. 1

②上から3けた目が6だから、上から2けた目が1ふえて、40000000になる。

2. 2

和や差の見積もりは、四捨五入して、求めようとする位までのがい数にしてから計算する。

3. 3

チェックテスト

ある動物園の入園者数は、9月は28976人、10月は24395人でした。次の人数を、千の位までのがい数で求めなさい。

① 9月と10月の入園者数の和

② 9月と10月の入園者数の差

答え

① 53000人　② 5000人

考え方 ①、② 百の位を四捨五入してから計算する。

7 計算のきまり (1)

1 計算の順《じゅん》じょ

➡例題 1

最重要ポイント

計算の式は、ふつう、**左から順**に計算する。
かけ算やわり算は、たし算やひき算より**先**に計算する。

例 $7\times3+6\times5=51$　$100-30\div6\times2=90$

2 ( )のある式

➡例題 2

注意 ( )の中
→かけ算・わり算
→たし算・ひき算
の順に計算する。

最重要ポイント

( )のある式の計算では、( )の中をひとまとまりとみて、( )の中を**先**に計算する。
↳「かっこ」という

❶( )の中は、1つの数を表していると考える。

例 $8\times(12-7)=40$　$(50-30)\div(3+2)=4$

❷( )を使って、いくつかの計算を1つにできる。

3 ( )を使った計算のきまり

➡例題 3

❶・(■＋●)×▲＝■×▲＋●×▲
・(■－●)×▲＝■×▲－●×▲
・(■＋●)÷▲＝■÷▲＋●÷▲
・(■－●)÷▲＝■÷▲－●÷▲

例 $(6+8)\times5=6\times5+8\times5$
$=30+40=70$
$(50-5)\times8=50\times8-5\times8$
$=400-40=360$

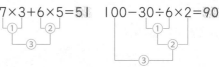

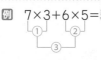

例題と答え

例題1 計算の順じょ

次の計算をしなさい。

① $6-16\div8+4$　② $8+12\times3$

答え ①8　②44

考え方

1. 1

＋、－、×、÷のまじった計算は、×、÷を先に計算する。

例題2 (　)のある式

次の□にあてはまる数を書きなさい。

① $(26+34)\times8=\square\times8=\square$

② $6\times(10-12\div3)=6\times(10-\square)$

$=6\times\square=\square$

答え ①60、480　②4、6、36

2. 2

(　)の中に×、÷があるときは、(　)の中の×、÷の計算を最初《さいしょ》にする。

例題3 (　)を使った計算のきまり

□にあてはまる数を書きなさい。

$105\times12=(100+\square)\times12$

$=100\times12+\square\times12$

$=1200+\square=\square$

答え 5、5、60、1260

3. 3

(■＋●)×▲＝■×▲＋●×▲ を使って計算する。

算数

チェックテスト

1 次の計算をしなさい。

① $4+8\times(6-4)$

② $(4+8)\times(6-4)$

2 □にあてはまる数を書きなさい。

$98\times21=(\square-2)\times21$

$=\square\times21-2\times21=\square$

答え

1 ① 20　② 24

2 100、100、2058

考え方 **1** (　)の中を先に計算する。

2 98＝□－2と考える。

8 計算のきまり(2)

1 わり算のきまり

➡ 例題 1

注意 かけ算ではなりたたない。

❶わり算では、わられる数とわる数に、同じ数をかけてからわり算をしても、商は変《か》わらない。また、同じ数でわってからわり算をしても、商は変わらない。

375÷25＝15
↓×4 ↓×4
1500÷100＝15

156÷12＝13
↓÷4 ↓÷4
39÷3＝13

2 たし算とかけ算のきまり

➡ 例題 2、3

注意 ひき算・わり算ではなりたたない。

❶たし算のきまり

最重要ポイント

- ●＋▲＝▲＋●
- (●＋▲)＋■＝●＋(▲＋■)

例 (4＋3)＋7＝4＋(3＋7)

❷かけ算のきまり

最重要ポイント

- ●×▲＝▲×●
- (●×▲)×■＝●×(▲×■)

例 (7×4)×5＝7×(4×5)

3 計算のくふう

➡ 例題 1、2、3

❶計算のきまりを使って計算する。
└計算のきまりを使うと、計算がらくになることがある

例 352÷16＝(352÷4)÷(16÷4)
＝88÷4＝22

69＋73＋27＝69＋(73＋27)
＝69＋100＝169

13×25×4＝13×(25×4)
＝13×100＝1300

例題と答え

例題1 わり算のきまり

次の□にあてはまる数を書きなさい。

① 315÷45=□÷90=□÷9=□

② 156÷12=□÷6=□÷3=□

③ 21000÷350=□÷35=□÷70
=□÷7=□

答え ①630、63、7　②78、39、13
③2100、4200、420、60

例題2 たし算とかけ算のきまり

次の□にあてはまる数を書きなさい。

① 37+86=86+□

② 16×24=□×16

③ 78+49+51=78+(□+51)

答え ①37　②24　③49

例題3 計算のくふう

次の計算をくふうしてしなさい。

① 18×25×4

② 113×7+87×7

答え ①18×(25×4)=18×100=1800
②(113+87)×7=200×7=1400

考え方

1. ☞1、3

わり算の計算は、わられる数とわる数に同じ数をかけてからわり算をしても、同じ数でわってからわり算をしても商は変わらない。

2. ☞2、3

かけ算九九の練習で、「二三が六」も「三二が六」も答えは同じになったように、かけ算は、かけられる数とかける数を入れかえても積《せき》は同じ。

3. ☞2、3

それぞれの式をよく見て、先に計算すると数字の最《さい》後《ご》が0や00になる組み合わせを見つける。

チェックテスト

次の計算をくふうしてしなさい。

① 84+39+16

② 35×25×4

③ 86×18−76×18

答え

① 139　② 3500
③ 180

算数

9 小　数

1 小数の表し方と位《くらい》取《ど》り

➡例題 1

❶小数の表し方

└→小数は、はしたが出たときに使う

1 の $\frac{1}{10}$ ………… 0.1

1 の $\frac{1}{100}$ ………… 0.01

1 の $\frac{1}{1000}$ ………… 0.001

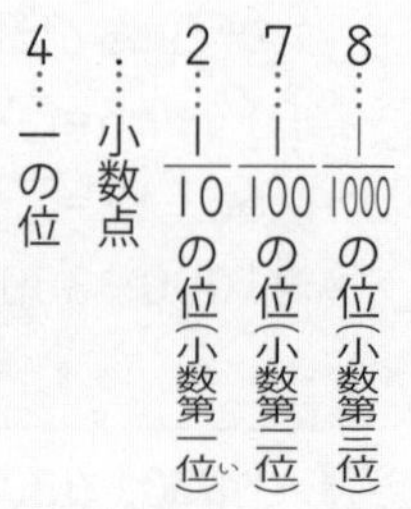

❷4.278は「四点二《に》七八《ななはち》」と読む。

2 小数のしくみ

➡例題 2、3

注意 10倍、100倍と、$\frac{1}{10}$、$\frac{1}{100}$の関《かん》係《けい》は下のようになる。

❶それぞれの位の数

4.278
- 1 が4こ …………4
- 0.1 が2こ ………0.2
- 0.01 が7こ ……0.07
- 0.001 が8こ……0.008

❷10倍にした数、10でわった数

最重要ポイント

10倍すると位が1つずつ上がり、
小数点は**右**へ1けたうつる。
10でわると位が1つずつ下がり、
小数点は**左**へ1けたうつる。

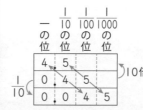

※100倍すると位が2つずつ上がり、小数点は右へ2けたうつる。100でわると位が2つずつ下がり、小数点は左へ2けたうつる。

例題と答え

例題1 小数の表し方

次の量《りょう》を、(　)の中の単位《たんい》で表しなさい。

① 165 cm　(m)　　② 13 g　(kg)

答え　①1.65 m　②0.013 kg

例題2 小数のしくみ ①

次の□にあてはまる数を書きなさい。

(1) 6.425 は、1 を□こ、0.1 を□こ、0.01 を□こ、0.001 を□こ合わせた数です。

(2) 0.96 は、0.1 を□こ、0.01 を□こ合わせた数です。

(3) 5.07 は、0.01 を□こ集めた数です。

答え　(1) 6、4、2、5　(2) 9、6　(3) 507

例題3 小数のしくみ ②

次のそれぞれの数を書きなさい。

(1)　0.7 を 10 倍した数

(2)　1.2 を 10 でわった数

答え　(1) 7　(2) 0.12

考え方

1. ☞1

1 kg＝1000 g だから、
0.1 kg＝100 g
0.01 kg＝10 g

2. ☞2

(2)0.9 は 0.1 を 9 こ集めた数である。

(3)0.01 を 100 こ集めた数は 1 である。

3. ☞2

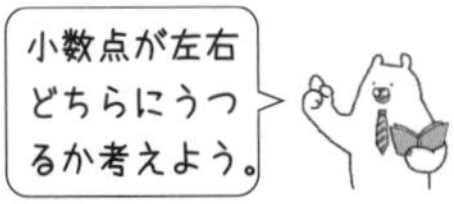
小数点が左右どちらにうつるか考えよう。

算数

チェックテスト

次の数直線で、アの目もりが表す数を答えなさい。

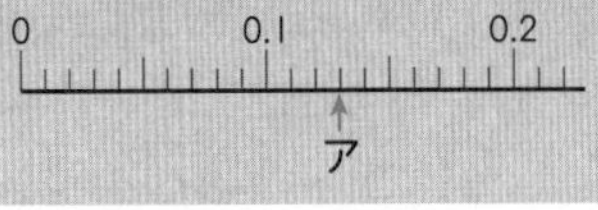
0
0.1
0.2
ア

答え

0.13

考え方　1 目もりの大きさを求《もと》め、目もりの数を数える。

10 小数のたし算・ひき算

1 小数のたし算

➡例題 1、2

注意 小数点をそろえることは、位《くらい》をそろえることと同じ意味。

❶たし算の筆算のしかた

最重要ポイント

小数点がたてにならぶように書いて、小さい位から順《じゅん》に整数のときと同じように計算する。

例

```
  4.78
+ 0.56
------
  5.34
```

※和の小数点をわすれずにうつ。

❷次の例《れい》のようなときは注意する。

㋐

```
  3.68
+ 2.7
------
  6.38
```

2.7を2.70と考える。

㋑

```
   8
+ 6.42
------
 14.42
```

8を8.00と考える。

㋒

```
  7.04
+ 5.96
------
 13.00
```

小数点の右の0を消して13とする。

2 小数のひき算

➡例題 1、3

注意 実さいの問題では、量《りょう》の単《たん》位《い》をそろえて計算する。

❶ひき算の筆算のしかた

たし算と同じように計算する。
↳小数点をたてにそろえて書き、整数のときと同じように計算すればよい

例

```
  2.06
- 0.58
------
  1.48
```

※差《さ》の小数点をわすれずにうつ。

❷次の例のようなときは注意する。

㋐

```
  6.28
- 3.58
------
  2.70
```

答えは2.7とする。

㋑

```
  2.42
- 2.38
------
  0.04
```

位がわかるように0を書く。

㋒

```
  8
- 3.72
------
  4.28
```

8を8.00と考える。

上の㋑で、整数部分がないことを0.で表している。また㋒で、答えを5.72などとしないように注意する。

例題と答え

例題1 小数のたし算・ひき算

次の計算を筆算でしなさい。

① 4.56+18.8　　② 3.548+0.252

③ 7.2−1.463　　④ 2.462−2.368

答え

① $\begin{array}{r} 4.56 \\ +\ 18.8 \\ \hline 23.36 \end{array}$　② $\begin{array}{r} 3.548 \\ +\ 0.252 \\ \hline 3.800 \end{array}$

③ $\begin{array}{r} 7.2 \\ -\ 1.463 \\ \hline 5.737 \end{array}$　④ $\begin{array}{r} 2.462 \\ -\ 2.368 \\ \hline 0.094 \end{array}$

考え方

1. 1、2

たてに位をそろえて書く。とくに③では、前ページの注意をよく守ること。

③ $\begin{array}{r} 7.200 \\ -\ 1.463 \\ \hline \end{array}$

例題2 文章題①

2.85 kg のさとうが、750 g のかんに入っています。全体の重さは何 kg ですか。

解き方 2.85+0.75=3.6　　**答え** 3.6 kg

2. 1

たし算やひき算では、量の単位を同じにしてから計算する。

例題3 文章題②

水が9.3 L あります。油の量は水よりも4.71 L 少ないそうです。油は何 L ありますか。

解き方 9.3−4.71=4.59　　**答え** 4.59 L

3. 2

水と油の量について、よく考えてから式をたてる。

チェックテスト

図のような長方形の畑があります。

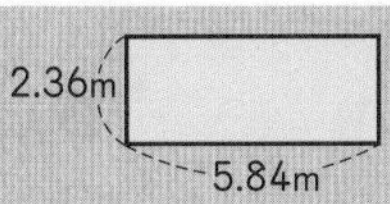

① 横の長さは、たての長さより何 m 長いですか。

② まわりの長さは何 m ですか。

答え

① 3.48 m　② 16.4 m

考え方 ② たての２辺《へん》と横の２辺を合わせた長さになる。

11 小数のかけ算

1 小数×整数

➡例題1

注意 整数にして計算する。

$$\begin{array}{l} 2.4\times3=\square \\ \downarrow 10倍 \quad \uparrow\frac{1}{10} \\ 24\times3=72 \end{array}$$

❶2.4×3、0.8×6の計算は、0.1のいくつ分か考える。

2.4×3 ⟶ 0.1が(24×3)こと考えて ⟶ **7.2**

0.8×6 ⟶ 0.1が(8×6)こと考えて ⟶ **4.8**

❷1.37×4、0.06×9の計算は、0.01のいくつ分か考える。

1.37×4 ⟶ 0.01が(137×4)こと考えて ⟶ **5.48**

0.06×9 ⟶ 0.01が(6×9)こと考えて ⟶ **0.54**

2 筆算のしかた

➡例題2、3

注意 7.25×28をするときは、

$$\begin{array}{l} \ \ 7.25 \\ \times28 \\ \hline \end{array}$$

とは書かない。

❶2.4×3の筆算

$$\begin{array}{r} 2.4 \\ \times\quad 3 \\ \hline \end{array} \Rightarrow \begin{array}{r} 2.4 \\ \times\quad 3 \\ \hline 2 \end{array} \Rightarrow \begin{array}{r} 2.4 \\ \times\quad 3 \\ \hline 72 \end{array} \Rightarrow \begin{array}{r} 2.4 \\ \times\quad 3 \\ \hline 7.2 \end{array}$$

↑かけられる数にそろえてうつ

最重要ポイント

小数×整数の計算は、整数のかけ算と同じように計算する。積《せき》の小数点は、**かけられる数**の小数点にそろえる。

❷0.3×2の筆算

$$\begin{array}{r} 0.3 \\ \times\quad 2 \\ \hline 0.6 \end{array}$$

0を書いて小数点をうつ。

❸7.25×28の筆算

$$\begin{array}{r} 7.25 \\ \times\quad 28 \\ \hline 5800 \\ 1450 \\ \hline 203.00 \end{array}$$

小数点より右にある末尾の0は消す。

例題と答え

例題1 小数×整数 の計算

次のかけ算をしなさい。

① 2.8×4　　② 4.86×7

答え　①11.2　　②34.02

考え方

1. ☞1

① 2.8 × 4 は、0.1 が (28×4) こと考えて、28×4 を計算する。

②0.01 が何こになるか考える。

例題2 小数×整数 の筆算

次のかけ算を筆算でしなさい。

① 6.2×36　　② 0.068×305

答え

```
①    6.2        ②  0.068
   × 3 6          ×  3 0 5
   3 7 2              3 4 0
 1 8 6            2 0 4
 2 2 3.2          2 0.7 4 0
```

2. ☞2

小数点を考えないで整数と同じように計算し、積が出てから小数点をうつ位置《いち》を考えればよい。数字がきちんとたてにならぶように書く。

例題3 文 章 題

1 さつ 0.23 kg の本を 28 さつまとめて送ります。荷づくりの材料《ざいりょう》の重さが 0.12 kg のとき、荷物全体の重さは何 kg ですか。

解き方　0.23×28+0.12=6.56

答え　6.56 kg

3. ☞2

全体の重さは、荷物の重さと荷づくりの材料の重さとの和で求《もと》められる。

算数

チェックテスト

2.6 m のテープを 5 本つなぎます。つなぎ目ののりしろはどこも 0.05 m です。テープ全体の長さは、何 m になりますか。

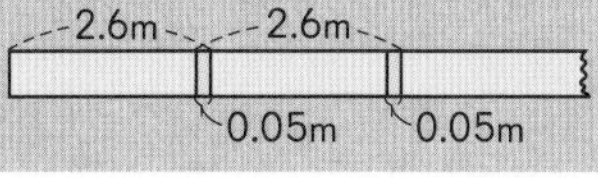

答え

12.8 m

考え方 2.6 m のテープ 5 本分の長さから、0.05 m ののりしろ 4 か所分の長さをひく。

12 小数のわり算

1 小数÷整数

➡例題1

❶8.5÷5 や 0.28÷4 の計算は、0.1 や 0.01 のいくつ分か考える。

8.5÷5 ⟶ 0.1 が (85÷5) こ分 ⟶ **1.7**

0.28÷4 ⟶ 0.01 が (28÷4) こ分 ⟶ **0.07**

2 筆算のしかた

➡例題2、3

注意 右の❷、❸で0を書きたしたり、小数点をつけたりするのは数の位《くらい》取《ど》りをまちがえないようにするためである。

❶8.5÷5 の筆算

```
   1             1.            1.7  ←わられる数に
5)8.5   ➡   5)8.5   ➡   5)8.5      そろえてうつ
                                5
                                35
                                35
                                 0
```

最重要ポイント

小数÷整数の計算は、整数のわり算と同じように計算する。

商の小数点は、**わられる数**の小数点にそろえる。

❷0.816÷34 の筆算

```
      0.024
 34)0.816
       68
       136
       136
         0
```

商がたつまで、0を書きたして、小数点をそろえる。

❸34÷8 の筆算

```
     4.25
 8)34
   32
    20
    16
     40
     40
      0
```

34を34.00と考えて、わり切れるまでわり進める。

例題と答え

考え方

例題1 小数÷整数の計算

次のわり算をしなさい。

① 4.2÷7　② 0.81÷9　③ 1.04÷8

答え ①0.6　②0.09　③0.13

1. ☞1

わられる数には、0.1や0.01が何こあるかを考える。

算数

例題2 小数÷整数の筆算

次のわり算を筆算でしなさい。

① 1.7÷5　② 58.8÷42

③ 3.08÷4

答え

```
①    0.34    ②      1.4    ③    0.77
   5)1.7        42)58.8       4)3.08
     15            42            28
      20           168            28
      20           168            28
       0             0             0
```

2. ☞2

①、③は、整数部分に商がたたないことから、一の位に0を書いて計算を進める。

例題3 文章題

工作用に、1.8 mのリボンを4人で等しく分けます。1人分を何 mにすればよいですか。

解き方 1.8÷4＝0.45　**答え** 0.45 m

3. ☞2

1.8 mを4等分することから、1.8÷4の計算をする。

チェックテスト

あきらさんは、長さが30 mのなわから、2.4 mのなわを4本とって、その残《のこ》りを6等分しました。6等分した1本のなわの長さは、何 mになりますか。

答え

3.4 m

考え方 まず、2.4 mのなわ4本分の長さを求《もと》め、30 mのなわからひく。残りの長さを6でわる。

13 分　数

1 真分数と仮《か》分数《ぶんすう》

➡ 例題 1

❶**真分数**…分子が分母より小さい分数
↳分子<分母

❷**仮分数**…分子が分母と等しいか、分母より大きい分数
↳分子＝分母　↳分子>分母

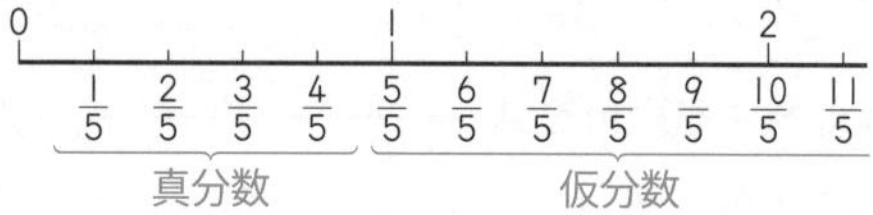

2 帯分数《たいぶんすう》と仮分数

➡ 例題 2

注意 右の■、▲、●、◆は、1つの整数を表している。

❶**帯分数**…整数と真分数の和になっている分数

❷帯分数を仮分数になおすには、$\bullet\frac{\blacktriangle}{\blacksquare}=\frac{\blacksquare\times\bullet+\blacktriangle}{\blacksquare}$

例　$1\frac{2}{5}=\frac{5\times1+2}{5}=\frac{7}{5}$

❸仮分数を帯分数になおすには、

$\frac{\blacklozenge}{\blacksquare}=\blacklozenge\div\blacksquare=\bullet$ あまり ▲ ⟹ $\bullet\frac{\blacktriangle}{\blacksquare}$

例　$\frac{11}{4}=11\div4=2$ あまり 3 ⟹ $2\frac{3}{4}$

最重要ポイント

真分数は1より**小さく**、帯分数は1より**大きい**。
仮分数は1と**等しい**か、1より大きい。

3 分数の大きさ

➡ 例題 3

❶分母の等しい分数は、分子が大きいほど**大きい**。

❷分子の等しい分数は、分母が小さいほど**大きい**。

❸表し方はちがっていても、大きさの等しい分数はたくさんある。

例　① $\frac{4}{6}<\frac{5}{6}$　② $\frac{3}{5}<\frac{3}{4}$　③ $\frac{2}{3}=\frac{4}{6}=\frac{6}{9}$

例題と答え

考え方

例題1 真分数と仮分数

1から10までの整数で、次の□にあてはまる数をすべて書きなさい。

① $\frac{\square}{4}<1$　② $\frac{\square}{4}=1$　③ $\frac{\square}{4}>1$

答え　①1、2、3　②4　③5、6、7、8、9、10

1. ☞ 1

真分数 → 分子＜分母

仮分数 → $\begin{cases} \text{分子＝分母} \\ \text{分子＞分母} \end{cases}$

算数

例題2 帯分数と仮分数

帯分数は仮分数に、仮分数は帯分数になおしなさい。

① $3\frac{2}{5}$　② $\frac{9}{4}$

答え　① $\frac{17}{5}$　② $2\frac{1}{4}$

2. ☞ 2

帯分数 → 仮分数 でも
仮分数 → 帯分数 でも
どちらも、分母はもとのままで、分子のつくり方を考えればよい。

例題3 分数の大きさ

(　)の中の分数の大きさをくらべて、等号か不《ふ》等号《とうごう》で表しなさい。

① $\left(2\frac{2}{5}、\frac{10}{5}\right)$ ② $\left(\frac{3}{7}、\frac{3}{4}\right)$ ③ $\left(\frac{8}{8}、1\right)$

答え　① $2\frac{2}{5}>\frac{10}{5}$　② $\frac{3}{7}<\frac{3}{4}$　③ $\frac{8}{8}=1$

3. ☞ 3

分母の等しい分数は、分子の大きいほうが大きい。
分子の等しい分数は、分母の小さいほうが大きい。

チェックテスト

(　)の中の分数を、小さい順《じゅん》にならべなさい。

$\left(\frac{8}{7}、\frac{8}{9}、1\frac{3}{5}\right)$

答え

$\frac{8}{9}$、$\frac{8}{7}$、$1\frac{3}{5}$

考え方 分子の等しい分数は、分母が小さいほど大きい。

14 分数のたし算・ひき算

1 分数のたし算・ひき算

➡例題1

注意 答えが仮分《かぶん》数《すう》になったときは、帯分数《たいぶんすう》にしてもよい。

最重要ポイント

同じ分母の分数のたし算・ひき算は、**分母**はもとのままで、**分子**だけたしたりひいたりする。

例 $\frac{4}{5}+\frac{3}{5}=\frac{7}{5}\ \left(=1\frac{2}{5}\right)$

$\frac{4}{5}-\frac{1}{5}=\frac{3}{5}$

2 帯分数のたし算・ひき算

➡例題2、3

❶たし算でもひき算でも、**整数**部分と**分数**部分に分けて考え、同じ部分どうしの計算をすればよい。

例 $3\frac{3}{4}+2\frac{1}{4}=(3+2)+\left(\frac{3}{4}+\frac{1}{4}\right)=5+\frac{4}{4}=6$

$5\frac{5}{7}-3\frac{3}{7}=(5-3)+\left(\frac{5}{7}-\frac{3}{7}\right)=2+\frac{2}{7}=2\frac{2}{7}$

❷帯分数を仮分数になおしてから計算してもよい。

例 $2\frac{1}{3}+1\frac{1}{3}=\frac{7}{3}+\frac{4}{3}=\frac{11}{3}$

$2\frac{3}{5}-1\frac{1}{5}=\frac{13}{5}-\frac{6}{5}=\frac{7}{5}$

❸ひき算で、分数部分どうしではひけないときは、ひかれる分数の整数部分を**1だけ小さい**帯分数にしてひけばよい。

例 $3\frac{1}{5}-\frac{3}{5}=2\frac{6}{5}-\frac{3}{5}=2\frac{3}{5}$

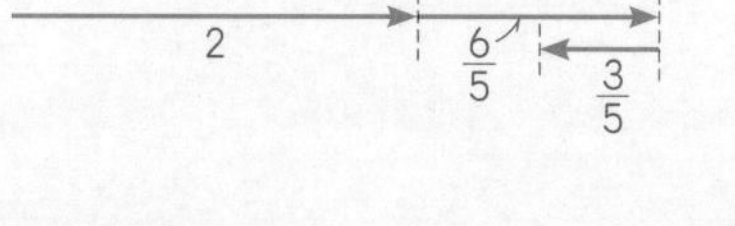

例題と答え

例題1 分数のたし算・ひき算

次の計算をしなさい。

① $\frac{3}{5}+\frac{2}{5}$ ② $\frac{3}{6}+\frac{4}{6}$ ③ $\frac{7}{5}-\frac{3}{5}$

答え ① 1 ② $\frac{7}{6}\left(1\frac{1}{6}\right)$ ③ $\frac{4}{5}$

例題2 帯分数のたし算・ひき算

次の計算をしなさい。

① $2\frac{7}{9}+1\frac{4}{9}$ ② $7-4\frac{3}{8}$

答え ① $4\frac{2}{9}$ ② $2\frac{5}{8}$

例題3 分数の文章題

みきさんは $1\frac{1}{5}$ L、ゆうたさんは $\frac{3}{5}$ L のジュースをそれぞれ飲みました。2 人の飲んだ量《りょう》のちがいは何 L ですか。

解き方 $1\frac{1}{5}-\frac{3}{5}=\frac{3}{5}$

答え $\frac{3}{5}$ L

考え方

1. ☞1

同じ分母どうしのたし算やひき算は、分母はもとのままで、分子だけの計算をすればよい。

2. ☞2

帯分数は、整数部分と分数部分に分けて考えるようにする。

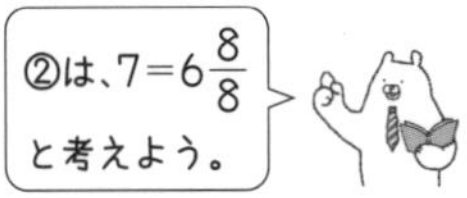

3. ☞2

みきさんとゆうたさんの飲んだ量の大小くらべをしてから、大－小として、そのちがいを求《もと》める。

チェックテスト

工作で色テープを使いました。いままでに $1\frac{6}{7}$ m 使い、あと $\frac{5}{7}$ m 残《のこ》っています。テープは、はじめ何 m ありましたか。

答え

$2\frac{4}{7}$ m

考え方 使った長さと残っている長さを合わせた長さとなる。

15 角の大きさ

1 角の名まえ

❶1つの頂点《ちょうてん》から出ている2つの辺《へん》がつくる形を、**角**という。

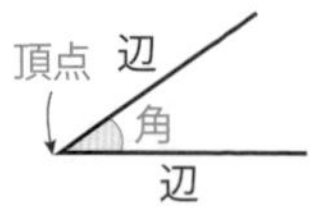

2 角の大きさ

➡例題 2

❶角の大きさをはかるには、**分度器**《ぶんどき》を使う。

❷角の大きさを表す単位《たんい》には、**度**がある。

❸1回転した角を 360 等分した1つ分の角の大きさを**1度**といい、1°と書く。

❹角の大きさのことを、**角度**という。

最重要ポイント

1直角＝90°　2直角＝180°　4直角＝360°

「半回転の角」、「1回転の角」を使うこともある。半回転の角は 180°、1回転の角は 360°である。

❺三角じょうぎの角は、(30°、60°、90°)、(45°、45°、90°)である。

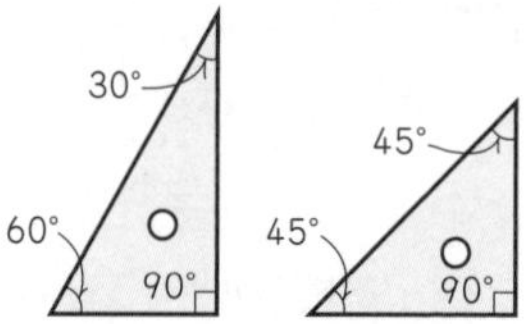

3 角のはかり方

➡例題 1

注意 角の大きさをはかる前に、何度ぐらいか見当をつけてからはかる。

❶分度器の中心を、角の**頂点ア**に合わせる。

❷0°の線を、角の1つの**辺アイ**に合わせる。

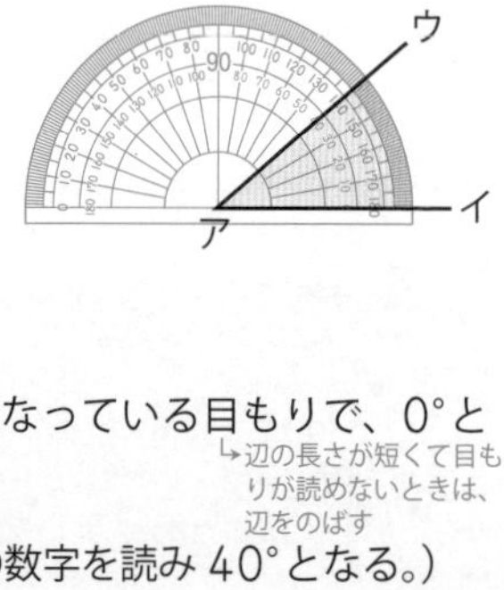

❸もう1つの**辺アウ**と重なっている目もりで、0°と同じ側《がわ》の数字を読む。

↳辺の長さが短くて目もりが読めないときは、辺をのばす

(右上の図では、内側の数字を読み 40°となる。)

例題と答え

例題1 角のはかり方

右の角の大きさは何度ですか。

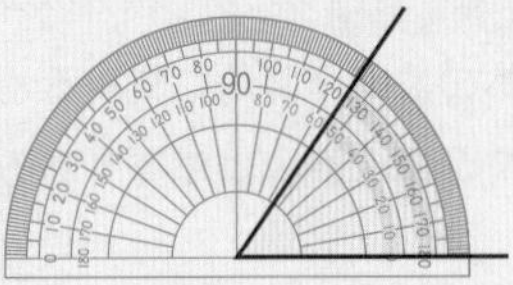

答え 55°

例題2 角の大きさ

(1) 次の角ⓐ、角ⓘは何度ですか。

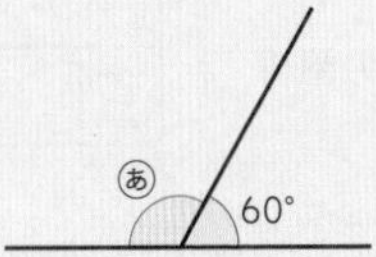

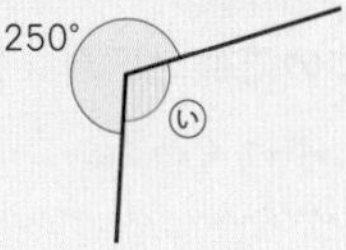

(2) 2本の直線が交わっています。角ⓤは何度ですか。

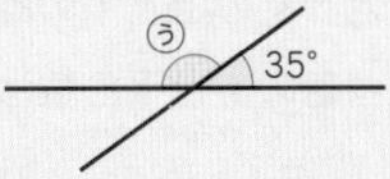

答え (1) ⓐ $180° - 60° = 120°$

ⓘ $360° - 250° = 110°$

(2) ⓤ $180° - 35° = 145°$

考え方

1. ☞ 3

分度器の目もりは、外側と内側の2つがある。内側の0(0°)の線から読んでいけばよい。

2. ☞ 2

ⓐ、ⓤでは一直線は180°、ⓘでは1回転は360°であることに注意して、それからわかっている角の大きさをひく。

算数

チェックテスト

下の図は、2つの三角じょうぎを組み合わせたものです。角ⓐ～ⓔは何度ですか。

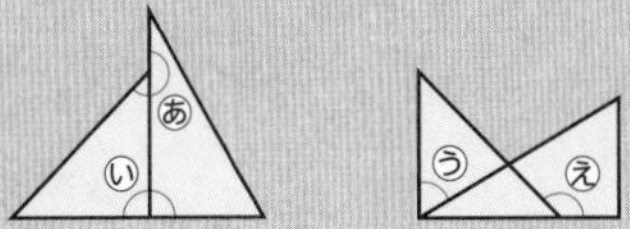

答え

ⓐ 225°　ⓘ 180°

ⓤ 60°　ⓔ 135°

16 垂直と平行

1 垂《すい》　直《ちょく》

➡例題1

注意 ∟は、直角の印《しるし》である。

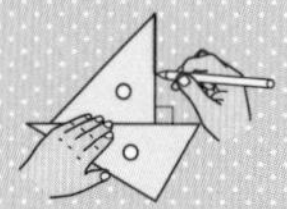

最重要ポイント

2本の直線が直角に交わるとき、この2本の直線は**垂直**である。

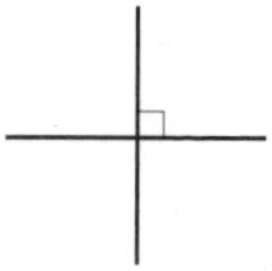

例　教科書のたてと横の線は**垂直**。

❶右の図で、(あ)と(い)の直線の関係《かんけい》を調べるとき、(あ)の直線をのばして考える。

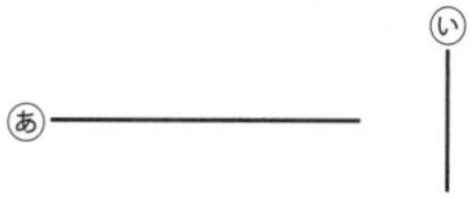

2 平　行

➡例題1、2

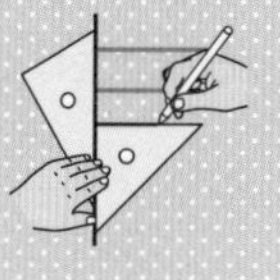

最重要ポイント

1本の直線に垂直な2本の直線は、**平行**である。

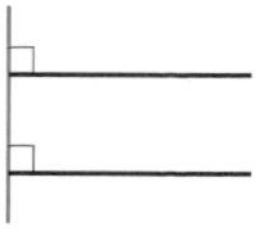

例　まどわくの上と下の線は**平行**。
　　教科書の上と下の線は**平行**。

❶平行な直線(あ)、(い)の間の**はば**は、どこも等しくなっている。

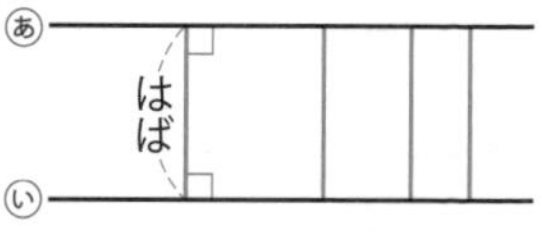

また、平行な直線は、どこまでのばしても交わらない。

❷平行な直線は、ほかの1本の直線と**等しい角度**で交わる。

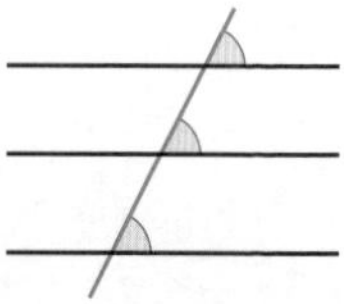

❸平行線をかくとき、三角じょうぎをずらしてかく。

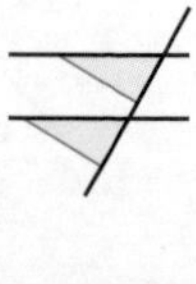

例題と答え

例題1 正方形の辺の垂直・平行

右の正方形について、次のものを全部答えなさい。

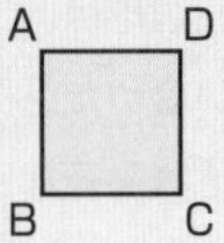

(1) 辺《へん》AB に垂直な辺

(2) 辺 AB に平行な辺

答え (1) 辺 AD、辺 BC

(2) 辺 DC

考え方

1. 1、2

垂直は、2 本の直線が直角に交わっていること。平行は、2 本の直線が 1 本の直線に垂直であること。正方形の 4 つの角はすべて直角である。このことから、辺の垂直や平行を考える。

例題2 平行線のせいしつ

右の図で、直線㋐と㋑は平行です。次の問いに答えなさい。

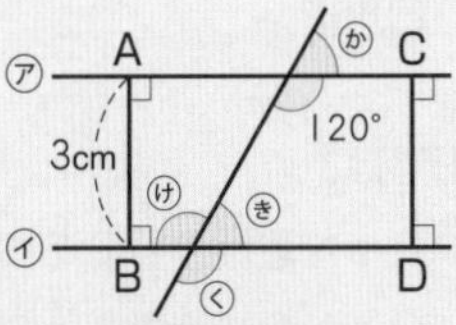

(1) 角㋕、㋖、㋗、㋘は、何度ですか。

(2) CD の長さは、何 cm ですか。

答え (1) ㋕60°　㋖60°　㋗120°　㋘120°

(2) 3 cm

2. 2

(1)㋐と㋑はほかの 1 本の直線と等しい角度で交わっている。

(2)㋐と㋑のはばはどこも等しい。

チェックテスト

右の図で、垂直な直線や平行な直線の組は、どれとどれですか。全部書きなさい。

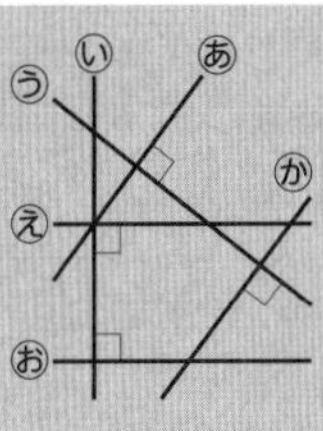

答え

(垂直)㋐と㋒、㋒と㋕、㋑と㋓、㋑と㋔

(平行)㋐と㋕、㋓と㋔

考え方 垂直は、直角に交わっている2つの直線をさがす。

17 四角形

1 平行四辺形《へいこうしへんけい》

➡例題 1、2

❶平行四辺形は、
向かい合った２組の辺が、
それぞれ平行な四角形。

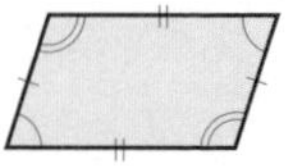

❷平行四辺形では、
向かい合った辺の長さは**等しい**。
向かい合った角の大きさは**等しい**。
※長方形も平行四辺形のなかまである。

2 ひし形

➡例題 2

❶ひし形は、
４つの辺の長さが、すべて
等しい四角形。

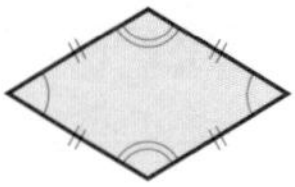

❷ひし形では、
向かい合った辺は**平行**である。
向かい合った角の大きさは**等しい**。
※ひし形も平行四辺形のなかまである。

3 台形

➡例題 2

❶台形は、
向かい合った１組の辺が、
平行な四角形。

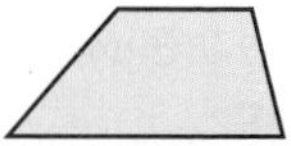

4 対角線

➡例題 2

❶四角形の対角線は、次のようになっている。
↳向かい合った頂点をつないだ直線

最重要ポイント

	正方形	長方形	平行四辺形	ひし形	台形
まん中で交わる	○	○	○	○	×
垂直《すいちょく》に交わる	○	×	×	○	×

例題と答え

例題1 平行四辺形

右の平行四辺形について答えなさい。

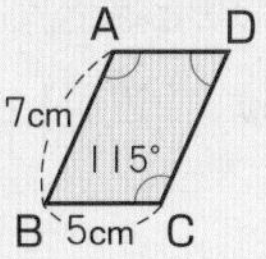

(1) 辺 AD、辺 CD の長さは何 cm ですか。

(2) 角 A、角 D の大きさは、何度ですか。

答え (1) 辺 AD 5 cm、辺 CD 7 cm

(2) 角 A 115°、角 D 65°

例題2 四角形の区別《くべつ》

あてはまる四角形の名まえを全部書きなさい。

(1) 向かい合った２組の辺が平行な四角形

(2) 向かい合った辺が１組だけ平行な四角形

(3) ４つの辺の長さがすべて等しい四角形

(4) ２本の対角線が垂直に交わる四角形

答え (1) 正方形、長方形、平行四辺形、ひし形

(2) 台形 (3) 正方形、ひし形 (4) 正方形、ひし形

考え方

1. 1

(1)平行四辺形の向かい合った辺の長さは等しい。

(2)平行四辺形のとなり合った角の大きさの和は180° である。

2. 1、2、3、4

前ページのまとめをよく見て、辺の長さ、辺の平行関係《かんけい》、角の大きさ、対角線の交わり方などをよくたしかめる。

チェックテスト

下のひし形について、次のものを求《もと》めなさい。

① 辺 AB の長さ

② 角 B の大きさ

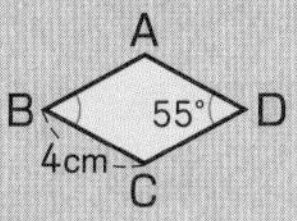

答え

① 4 cm ② 55°

考え方 ① ひし形は、４つの辺の長さがすべて等しい四角形である。

② ひし形は、向かい合った角の大きさが等しい。

算数

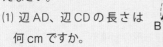

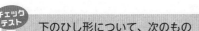

18 面積(1)

1 面積《めんせき》の単位《たんい》

❶広さのことを**面積**という。

❷面積は、1辺《ぺん》が1 cm の正方形が何こ分あるかで表せる。

❸1辺が 1 cm の正方形の面積を、
1 cm²(**1平方センチメートル**)という。
└→面積を表す単位

2 長方形の面積

➡例題 1、2、3

注意 長さの単位は、たてと横で同じにする。

❶**長方形**の面積を求《もと》めるには、たてと横の辺《へん》の長さをはかり、それらをかける。

最重要ポイント

長方形の面積＝**たて×横**(＝**横×たて**)

例 たて 3 cm、横 6 cm の長方形には、1 cm² の正方形が、たてに3つ、横に6つならぶから、その数は、
$3\times6=18$ ⟶ 面積は 18 cm²

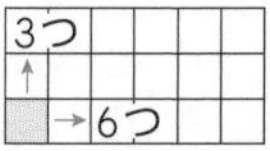

3 正方形の面積

➡例題 1

注意 正方形のたてと横の長さは等しい。

❶**正方形**の面積を求めるには、1辺の長さをはかり、2つかけあわせる。

最重要ポイント

正方形の面積＝**1辺×1辺**

例 1辺が 4 cm の正方形には、1 cm² の正方形が、たてに4つ、横に4つならぶから、その数は、
$4\times4=16$ ⟶ 面積は 16 cm²

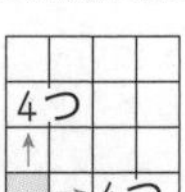

例題と答え

例題1 面積の求め方

次の正方形と長方形の面積を求めなさい。

①

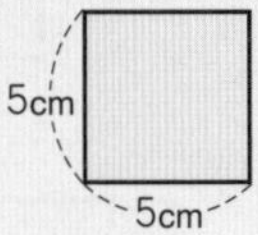

②

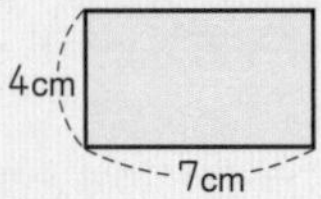

答え ①25 cm^2 ②28 cm^2

例題2 長方形の面積 ①

たて10 cm、横28 cm の長方形の紙に、はば3 cm のテープをはりました。

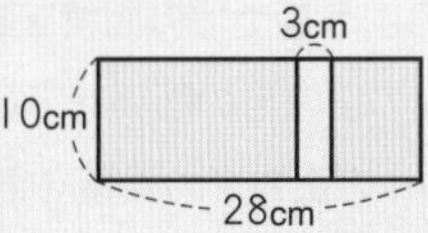

テープをはったところをのぞいた紙の面積は何 cm^2 ですか。

解き方 10×(28−3)＝250 **答え** 250 cm^2

例題3 長方形の面積 ②

面積が54 cm^2 で、たてが6 cm の長方形の横の長さは何 cm ですか。

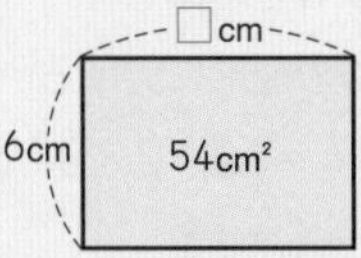

解き方 54÷6＝9 **答え** 9 cm

考え方

1. 2、3

正方形の面積
＝1辺×1辺
長方形の面積
＝たて×横(＝横×たて)

2. 2

テープをいちばん左はしにはったとすると、長方形の横の長さは何 cm になるかを考える。

3. 2

長方形の面積は、たて×横で計算できるよ。

算数

チェックテスト

面積が64 cm^2 の正方形の紙をつくろうと思います。1辺の長さを何 cm にするとよいですか。

答え

8 cm

1 大きい面積《めんせき》の単位《たんい》

➡例題 1

注意 面積の単位は、広さに合った単位を選《えら》ぶ。

❶教室などの面積を表すとき

1辺《ぺん》が1 m の正方形の面積

1 m^2…1平方メートル

↳100 cm×100 cm

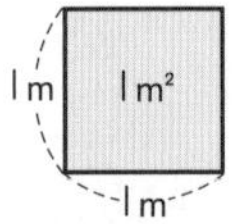

❷県などの面積を表すとき

1辺が1 km の正方形の面積

1 km^2…1平方キロメートル

↳1000 m×1000 m

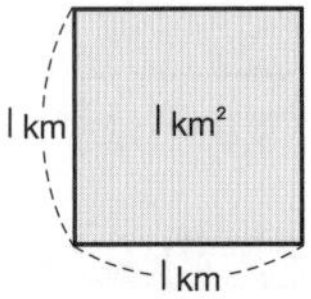

❸田畑のような土地の面積を表すとき、1辺が

10 m の正方形の面積を 1 a…1アール、

↳10 m×10 m

100 m の正方形の面積を 1 ha…1ヘクタール

↳100 m×100 m

最重要ポイント

大きい面積の関係《かんけい》

1 m^2 = 10000 cm^2　1 a = 100 m^2

1 ha = 100 a　1 km^2 = 100 ha = 1000000 m^2

2 くふうした面積の求《もと》め方

➡例題 2、3

注意 ふくざつな図形の面積を求めるには、面積を計算できる形に変《か》えてから計算する。

❶くふうして求める。

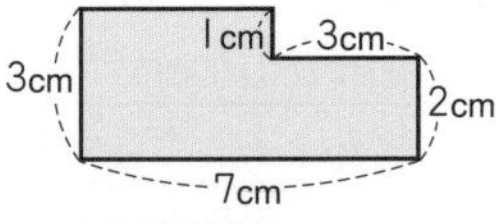

㋐2つの図形に分ける。

3×4=12、2×3=6

12+6=18

⟶ 面積は 18 cm^2

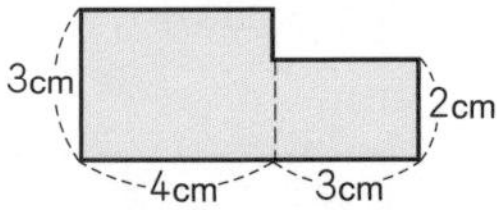

㋑全体からない部分をひく。

3×7=21、1×3=3

21−3=18

⟶ 面積は 18 cm^2

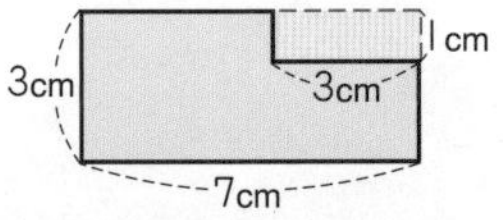

例題と答え

例題1 面積の単位

次の面積を、(　)の単位になおしなさい。

① 50000 cm^2 (m^2)

② 8000000 m^2 (km^2)

③ 2 m^2 (cm^2)　　④ 3 km^2 (m^2)

答え ①5 m^2　②8 km^2　③20000 cm^2　④3000000 m^2

例題2 くふうした面積の求め方 ①

右のような形をした土地の面積は何 m^2 ですか。

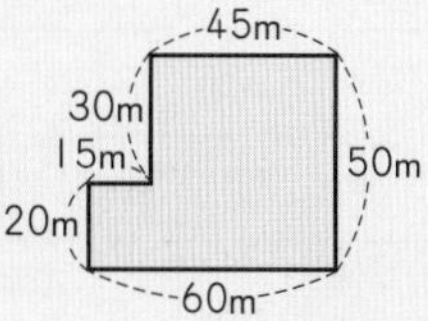

解き方 30×45+20×60=2550 または、50×60−30×15=2550 **答え** 2550 m^2

例題3 くふうした面積の求め方 ②

右の図形の色をぬった部分の面積を求めなさい。

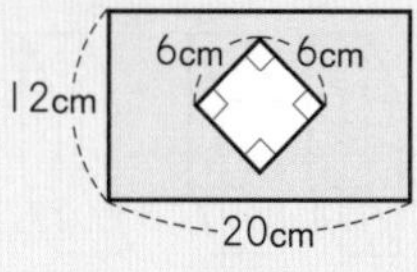

解き方 12×20−6×6=204 **答え** 204 cm^2

考え方

1. ☞1

1 m=100 cm だから、

1 m^2

=(100×100)cm^2

=10000 cm^2

2. ☞2

下の図のように、2 つの長方形の和、または差《さ》を考えてみる。

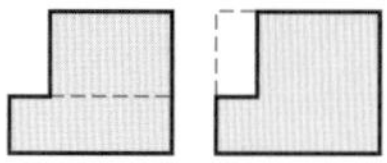

3. ☞2

色をぬった部分は、

(長方形)−(正方形)

で求めることができる。

チェックテスト

右のような図形の面積を求めなさい。

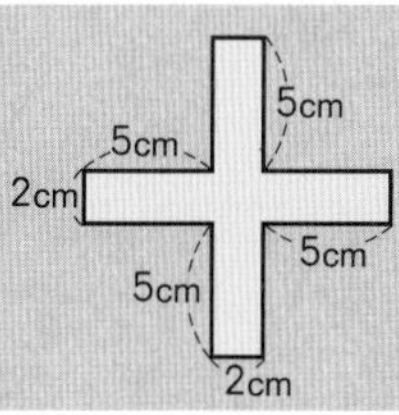

答え

44 cm^2

考え方 いくつかの図形に分けるか、全体からない部分をひく。

算数

20 直方体と立方体

1 直方体と立方体

❶**直方体**…長方形や正方形で囲《かこ》まれた形

❷**立方体**…正方形だけで囲まれた形

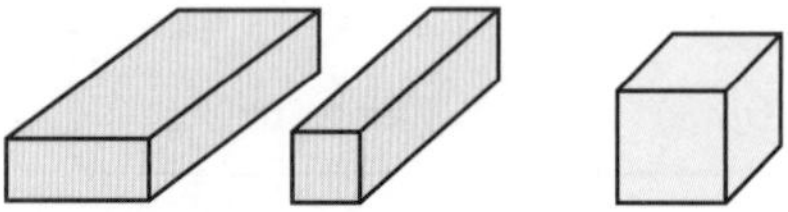

2 面・辺《へん》・頂《ちょう》点《てん》

➡例題 1、3

注意 直方体の部分の名まえ

最重要ポイント

	面		辺		頂点の数
	形	数	長さ	数	
直方体	長方形 正方形	6	4本ずつ同じ または、4本、8本が同じ	12	8
立方体	正方形	6	すべて同じ	12	8

❶

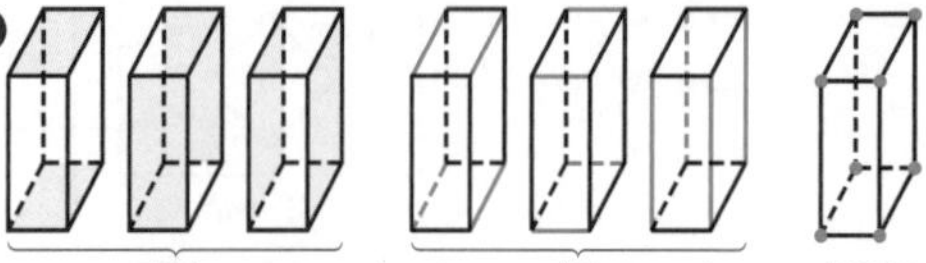

3 見取図《みとりず》とてん開図《かいず》

➡例題 2

❶**見取図**…全体の形を見やすくかいた図(右図㋐)

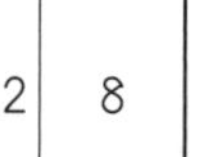

❷**てん開図**…立体を辺で切り開いてできる形(右図㋑)

これを組み立てると**立体**ができる。

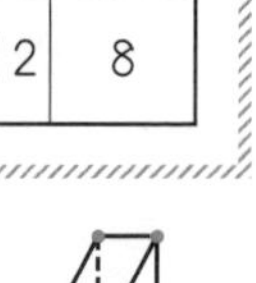

例題と答え

例題1 面・辺・頂点

長方形だけで囲まれた直方体について、□に数を書きなさい。

(1) 長さの等しい辺は、□つずつ□組。

(2) 形も大きさも同じ面は、□つずつ□組。

答え (1) 4、3 (2) 2、3

例題2 てん開図

下のてん開図で、立方体が組み立てられる図は、㋐～㋒のどれですか。

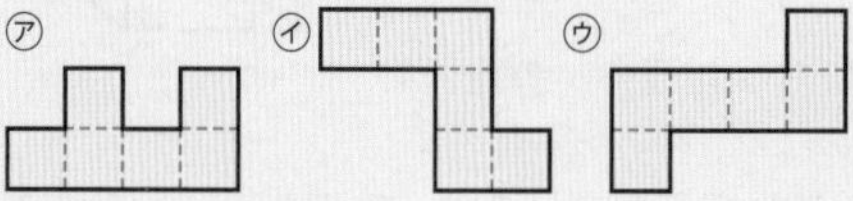

答え ㋒

例題3 直方体の辺の長さ

右の図のように、直方体の形をした荷物にひもを2回かけると、ひもは何cmになりますか。

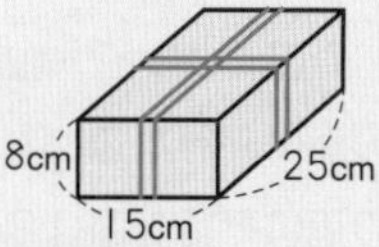

解き方 (15+25)×2+8×4=112

112×2=224 **答え** 224cm

考え方

1. ☞2

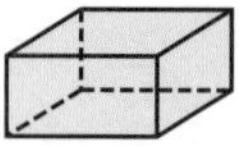

どの辺とどの辺の長さが等しいか。また、どの面とどの面が形も大きさも同じか。

2. ☞3

組み立てたときに重なる辺や頂点を考える。実際にてん開図をかいて、組み立ててみるとよい。

3. ☞2

同じ長さの部分がいくつずつあるかを考える。

算数

チェックテスト

立方体について、下の表にあてはまる数を書きなさい。

	面の数	辺の数	頂点の数
立方体	㋐	㋑	㋒

答え

㋐6 ㋑12 ㋒8

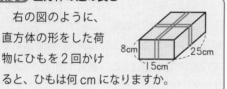

21 面や辺の平行と垂直、位置の表し方

1 面と面との平行・垂直《すいちょく》

➡例題 1、2

最重要ポイント

直方体では
向かい合った面……**平行**
となり合った面……**垂直**

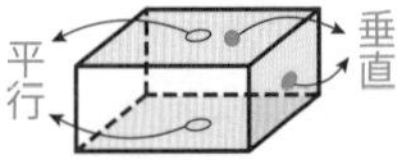

❶1つの面に平行な面は1つ、垂直な面は4つある。

2 辺《へん》と辺との平行・垂直

➡例題 1

最重要ポイント

直方体では
向かい合った辺……**平行**
となり合った辺……**垂直**

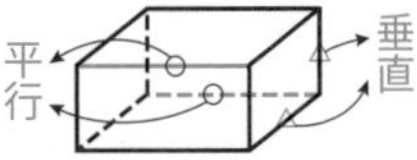

❶1つの辺に平行な辺は3本、垂直な辺は4本ある。

3 面と辺との平行・垂直

➡例題 1

❶直方体の1つの面 ABCD と
辺 FG や辺 EFなど…**平行**
辺 BF や辺 CGなど…**垂直**

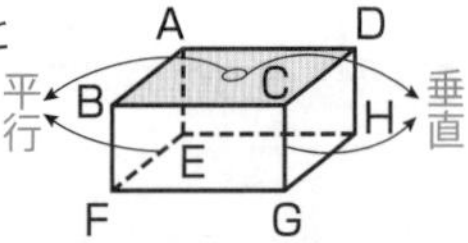

❷1つの面に平行な辺は4本、垂直な辺は4本ある。
❸1つの辺に平行な面は2つ、垂直な面は2つある。

4 位置《いち》の表し方

➡例題 3

❶図のようにAをもとに㋐の位置を表すには、横・たての方がんがあるものと考え、㋐の位置を
（横5m，たて3m）
のように表す。
↳平面にある点は、2つの数の組で表す

❷㋑のようなときは、点線の直方体を考え、直方体の横・たて・高さの3方向で表す。
㋑の位置は、（横5m，たて3m，高さ4m）

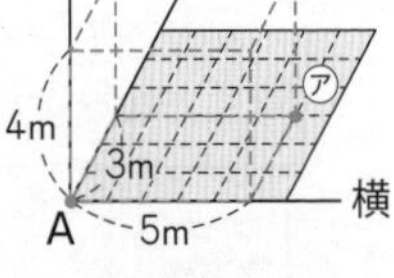

例題と答え

例題1 面や辺の平行・垂直 ①

右のような直方体について、次の問いに答えなさい。

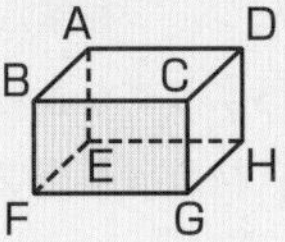

(1) 辺 AD に平行な辺を全部答えなさい。

(2) 辺 CD に垂直な面はいくつありますか。

(3) 面 BFGC に垂直な面を全部答えなさい。

答え (1) 辺 BC、辺 FG、辺 EH (2) 2つ

(3) 面 ABFE、面 ABCD、面 EFGH、面 CGHD

考え方

1. ☞ 1、2、3

(1)、(3)は見落としのないように答えること。

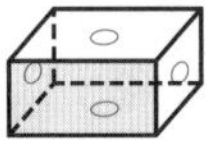

例題2 面や辺の平行・垂直 ②

□ にあてはまることばを書きなさい。

(1) 教室のてんじょうは、ゆかに □ です。

(2) 教室のかべは、ゆかに □ です。

答え (1) 平行 (2) 垂直

2. ☞ 1

教室の形は直方体であるから、例題《れいだい》1と同じ考え方である。

例題3 位置の表し方

右の図で、えん筆の先の位置を㋐の点をもとに表しなさい。

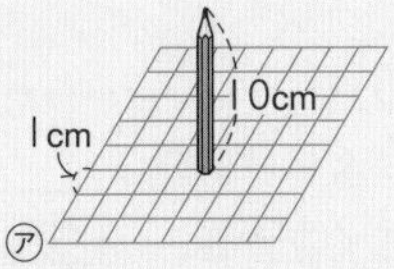

答え (横 4 cm, たて 3 cm, 高さ 10 cm)

3. ☞ 4

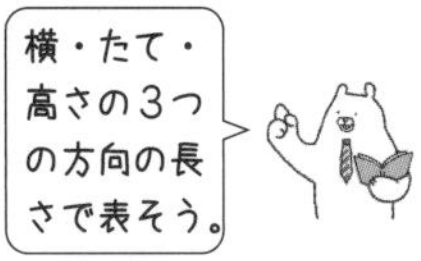

チェックテスト

てん開《かい》図《ず》を組み立てたとき、面(お)に平行な面と垂直な面を全部書きなさい。

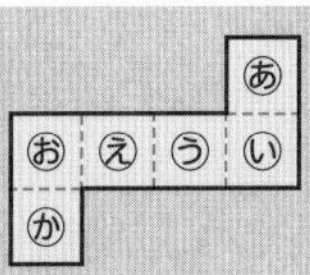

答え

平行な面…面(う)

垂直な面…面(あ)、(い)、(え)、(か)

算数

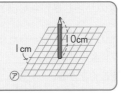

22 折れ線グラフ

1 折《お》れ線グラフ

➡例題 1、2

参考 3年生のときに習ったグラフは、ぼうグラフという。

❶時がたつにつれ気温などが変《か》わるようすを表したグラフを、**折れ線グラフ**という。

1日の気温（10月15日）

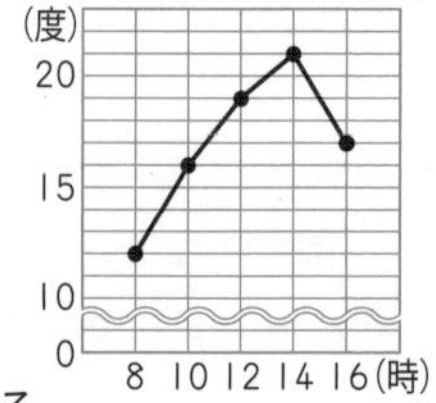

❷気温を表す折れ線グラフは横のじくに**時こく**、たてのじくに**気温**（量《りょう》の大きさ）をとる。

※グラフの下のほうを、〰（波線《はせん》）をかいてグラフの目もりを省《はぶ》くときがある。
↳量の変わり方が目立つようにするため

例 上のグラフでは1～10度の間が省いてある。

2 変わり方のようす

➡例題 2

最重要ポイント

❶折れ線グラフでは、線のかたむきで変わり方がわかる。

㋐右上がり

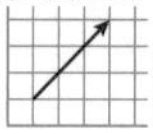

（ふえている）

㋑右下がり

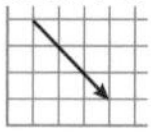

（へっている）

㋒真　横

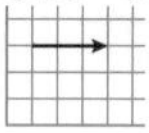

（変わらない）

❷線のかたむきが急なほど、変わり方が大きい。

3 折れ線グラフのかき方

➡例題 2

❶横のじくに、調べた**時こく**をかき、（　）に単位《たんい》をかく。

〈気温の変わり方〉

時こく(時)	10	12	14	16
気　温(度)	14	18	21	17

❷たてのじくに**最高**《さいこう》**気温**21度がかけるようにし、（　）に単位をかく。

気温の変わり方

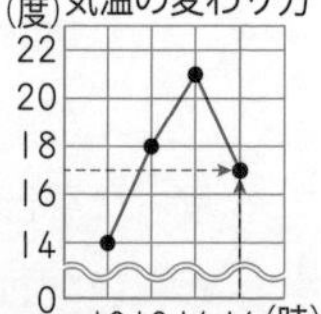

❸表を見て点をうち、直線でつなぐ。

❹**表題**を書く。

例題と答え

例題1 グラフの選《えら》び方

次の㋐～㋓で、折れ線グラフに表すとよいのは、どれですか。

㋐ 4月にはかった学級の人の体重

㋑ 毎年4月にはかった自分の体重

㋒ 毎日決まった時こくにはかった気温

㋓ 午前8時のいろいろな場所の気温

答え ㋑、㋒

例題2 折れ線グラフ

右のグラフは、月ごとの気温です。

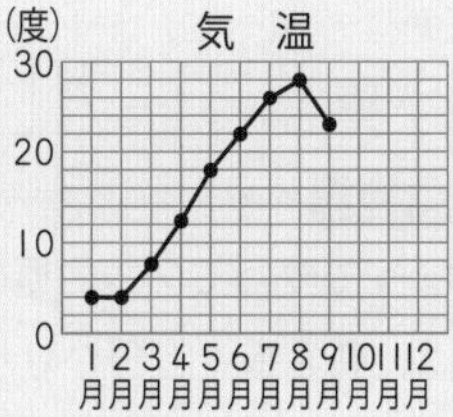

(1) 10月…17度

11月…11度

12月…6度

のグラフをかきなさい。

(2) 気温の変わり方がいちばん小さいのは、何月から何月ですか。

答え (1)（気温を点で記入し、直線でつなぐ。）

(2) 1月から2月

考え方

1. ☛1

折れ線グラフは、調べるものの量の変化《へんか》のようすを表すときに使う。

2. ☛1、2、3

(2)変わり方が小さいのは、折れ線のかたむきがゆるやかなところである。

チェックテスト

右のグラフは、ある日の午後の気温です。午後5時の気温はおよそ何度ですか。

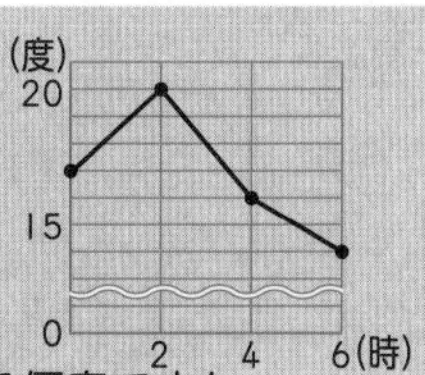

答え

およそ15度

考え方 4時の気温は16度、6時の気温は14度である。

23 ともなって変わる量

1 □や△を使って表す

➡例題 1、2

注意 問題におうじて、変《か》わる量《りょう》を□や△で表す。

❶右のような1辺《ぺん》が1cmの正三角形を1列にならべたときのまわりの長さは、

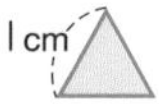

正三角形が1このとき、まわりの長さは3cm。
正三角形が2このとき、まわりの長さは1cmふえる。

❷正三角形の数を□こ、まわりの長さを△cmとして、表をつくる。

正三角形の数□(こ)	1	2	3	4	5	6
まわりの長さ△(cm)	3	4	5	6	7	8

最重要ポイント

ともなって変わる2つの量の変わり方を調べるときは、**表**を書くとわかりやすい。

❸□と△の関係《かんけい》を式に表す。⟶ **□＋2＝△**
└正三角形の数＋2＝まわりの長さ

2 変わる量の間のきまり

➡例題 3

注意 いつも同じ数になるというのは、□や△にはいる数が変わっても、□＋△などがいつも同じになること。

❶身のまわりには、1つの量が変わると、それにともなって変わる量がある。
㋐一方の量がふえると、もう一方がへる。
㋑一方の量がふえると、もう一方もふえる。

❷変わり方のきまりの中のおもなもの
□＋△ がいつも同じ数になる。(**和が一定**)
□－△ がいつも同じ数になる。(**差《さ》が一定**)
□×△ がいつも同じ数になる。(**積《せき》が一定**)
□÷△ がいつも同じ数になる。(**商が一定**)

例題と答え

例題1 □や△を使った表

いま、兄は12才、弟は9才です。兄の年令《ねんれい》を□才、弟の年令を△才として、□と△の変《か》わるようすを表にしなさい。

答え

□才	12	13	14	15	16	17	18	19
△才	9	10	11	12	13	14	15	16

例題2 □や△を使って表をつくる

1本50円のえん筆を買いに行きました。買った本数を□本、その代金を△円として表をつくりなさい。(□を8までとする。)

答え

□本	1	2	3	4	5	6	7	8
△円	50	100	150	200	250	300	350	400

例題3 変わり方のきまり

□−△=30 となるような、□と△の関《かん》係《けい》があります。□が70になったとき、△はいくつになりますか。

解き方 70−30=40　　**答え** 40

考え方

1. ☞1

□才(兄の年令)を、12、13、14、…と1つずつふやしたときに、△才(弟の年令)が変わるようすを表にする。

2. ☞1

△は、50×□ で計算することができる。
□の中に1から8までの数を入れて計算する。

3. ☞2

□−△=30 で、□を70とすると、70−△=30 になるから、70−30=△ で計算できる。

チェックテスト

□と△の関係を書いた表です。

□	1	2		4	5	6	7
△	9	8	7	6			3

① □、△の関係を式に書きなさい。

② あいたところに数を書きなさい。

答え

① □+△=10

② (左から)3、5、4

考え方 ① □が1ふえると、△は1へる。

24 整理のしかた

1 持ちもの調べの例《れい》

→例題1、2

注意 右の表を図に表すと、次のようになる。

❶下の表は、大山さんのはんで、持ちものを調べたものである。❷のようなこうもくをつくり、❸のような表につくりかえると、全体のようすがよくわかる。

〈持ちもの調べ〉 （○…持っている人、×…わすれた人）

名まえ	大山	小谷	上田	山下	東	西川	山口	村井	田中	小山
はながみ	○	○	×	○	○	×	○	×	×	×
ハンカチ	×	○	○	×	○	○	○	×	○	○

❷こうもくつくり

こうもく	人数	
両方持っている人	下	3
はながみだけの人	T	2
ハンカチだけの人	止	4
両方わすれた人	一	1

❸表に書く

		はながみ		計
		○	×	
ハンカチ	○	3	4	7
	×	2	1	3
計		5	5	10

2 調べ方

→例題1、2

参考 調べることを1つ1つ「正」の字に表していくと、順《じゅん》じょよく調べられる。

❶しりょうを調べるときは、いくつかのこうもくに区分け（分類《ぶんるい》）して調べる。

❷分類のこうもくにしたがって、わかりやすい表をつくる。

最重要ポイント

こうもくや表をつくるときは、

- 1つの事がらが、2つのこうもくに**重ならない**ようにすること。
- どれか1つのこうもくには必《かなら》ずはいるようにして、**もれがない**ようにすること。

❸もれや重なりがあるかないかを調べるには、できた表の**合計**を調べるとよい。

例題と答え

例題1 弟・妹調べ(こうもくと表)

16人について、弟・妹調べをしました。前ページ**1**に書いたような、こうもくや表をつくりなさい。

〈弟・妹調べ〉　(○ いる　× いない)

名まえ	弟	妹	名まえ	弟	妹
①	○	×	⑨	×	×
②	×	○	⑩	○	×
③	×	×	⑪	○	○
④	○	○	⑫	×	○
⑤	○	○	⑬	○	×
⑥	○	×	⑭	○	○
⑦	×	○	⑮	○	×
⑧	×	○	⑯	○	×

答え

弟も妹もいる	4
弟だけいる	6
妹だけいる	4
両方いない	2

		弟		計
		○	×	
妹	○	4	4	8
	×	6	2	8
計		10	6	16

考え方

1. ☞**1**、**2**

下のような表をつくって、①はどこに書くか、②はどこに書くか、③は…というように調べていく。この作業で16人をもれや重なりのないように分類する。

弟も妹もいる	T
弟だけいる	一
妹だけいる	一
両方いない	一

(表は、⑤まで調べたところ。)

例題2 レストランへ行った人数

レストランへ行った人数を調べて、右の表をつくりました。㋐、㋑はどんなこうもくで何人ですか。

〈レストランへ行った人数〉

	子ども	大人	計
男	15	㋑	28
女	㋐	15	31
計	31	28	59

答え　㋐女の子ども16人　㋑男の大人13人

2. ☞**1**、**2**

㋐は、右のように、子どもの人数の合計から15人をひく。㋑も同じようにする。

子ども
男…15
＋
女…㋐
⬇
31

チェックテスト

30人になすとねぎの好《す》ききらいを調べると、なすが好きな人は22人、ねぎが好きな人は26人、両方きらいな人は3人でした。両方好きな人は何人ですか。

答え

21人

25 文章題

1 和《わ》差《さ》算《ざん》

➡例題１

❶２つの数の**和**と**差**がわかっていて、２つの数を求《もと》めるような問題。

例「４年１組の人数は 30 人です。男子は女子よりも２人多いです。男子・女子の人数はそれぞれ何人ですか。」

考え方

右の図のように、和を□、差を△とする。女子の人数に差(△)をたすと男子の人数と同じになるから、

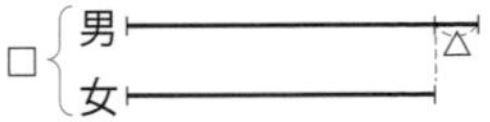

男＋女＝□

男－女＝△

男子の人数＝(□＋△)÷2
女子の人数＝(□－△)÷2

❷一方の人数がわかれば、他方の人数はすぐわかる。

2 植《うえ》木《き》算《ざん》

➡例題２、３

❶木と木の間を同じ長さにして木を植えるとき、**木の数とその両はしの長さ**の関係《かんけい》を考えるような問題。

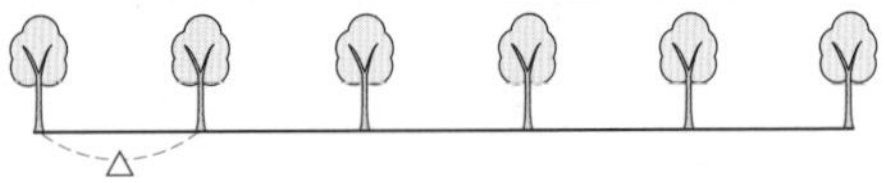

❷間の数は、木の数より１だけ少ない。

最重要ポイント

間の数＝木の数－１、全体の長さ＝△×間の数

❸**池のまわり**にぐるりと植えられた木の数と、間の数の関係は、**木の数＝間の数**になる。

例題と答え

例題1 和差算

運動クラブと文化クラブがあり、両方合わせると 168 人の人が入っていますが、運動クラブのほうが 12 人多いそうです。文化クラブに入っている人数は何人ですか。

解き方 (168−12)÷2=78　　答え 78人

考え方

1. ☞1

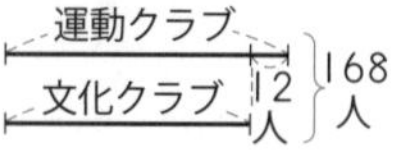

運動クラブの人数を 12 人へらせば、文化クラブの人数と同じになる。

例題2 植木算(直線のとき)

1 本 20 cm のテープを 30 本つなぎ合わせて長いテープをつくります。このとき、つなぎ目を上のように 2 cm にすると、何 cm のテープがつくれますか。

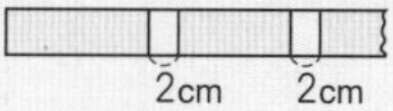

解き方 20×30=600　2×(30−1)=58
600−58=542　　答え 542 cm

2. ☞2

つなぎ目の数は、
30−1=29
つなぎ目の部分は、
2×29=58(cm)

例題3 植木算(円のとき)

池のまわりに、さくらの木を植えました。木と木の間は 6 m で、木は全部で 38 本植えられています。池のまわりは何 m ですか。

解き方 6×38=228　　答え 228 m

3. ☞2

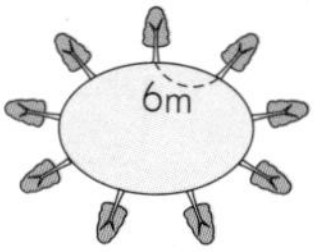

木の数と間の数は同じ

チェックテスト

50 m の道があり、そのかた側《がわ》に、道にそってうめの木を植えます。木と木の間は 5 m で、両はしには、大きなポプラの木を植えます。うめの木は何本いりますか。

答え

9本

考え方 間の数は、全体の長さ÷間の長さで求められる。

て言う言葉（例 うかがう・いただく）、ていねいに言う言葉（例 〜です・〜ます）がある。

本文	用件《ようけん》、相手に伝《つた》えたいことを、わかりやすくはっきりと書く。
末《まつ》文《ぶん》	後書き。本文のまとめや、相手の健康《けんこう》をいのる言葉や再会《さいかい》の言葉を書く。
後付《あとづ》け	日付・自分の名前・相手の名前（敬称《けいしょう》）。

3 あて名の書き方

注意 名前のあとには、敬称（「〜様」「〜先生」など）をつける。

注意 文字の大きさやバランスにも気をつけながら、相手に失礼《しつれい》がないよう、ていねいに書く。

あて先やあて名にまちがいはないか確認《かくにん》する。

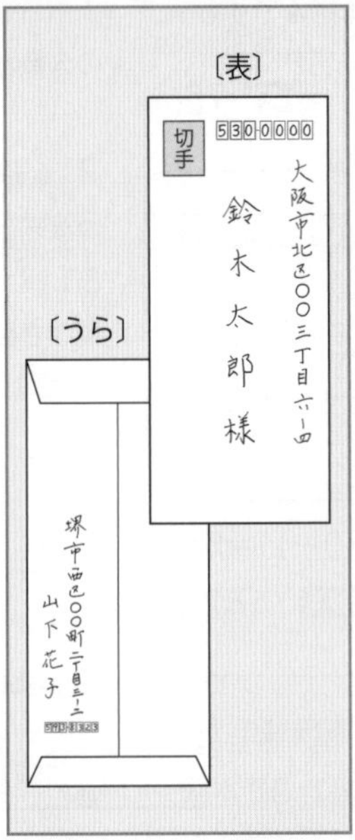

最重要ポイント
手紙では、こちらの顔や様子が見えないので、特《とく》に言葉をしんちょうに選び、心をこめて書くことが大切。

① この手紙は、どんな目的で書かれたものですか。
（　　）を伝えるため

② ——線部を、敬語を使って正しく書き直しなさい。

③ この手紙にぬけているのは、次のどれですか。
ア 前文　イ 本文
ウ 末文　エ 後付け

答え

1 ① お礼　② いただいた　③ エ

考え方 **1** ① 入学祝いをもらったお礼を伝えている。② 目上の人への言葉づかいに直す。③ 後付けには、日付や自分の名前、相手の名前を書く。

16 手紙の書き方

国語

1 手紙の内容《ないよう》

注意 手紙を読むときも、何の目的で書かれた手紙なのかを正しく読み取ることが大切。

2 手紙の書き方

注意 目上の人に手紙を書くときは、敬語を使う。

参考 敬語の種類《しゅるい》
敬語には、相手をそんけいして言うときの言葉（例 なさる・くださる）、自分のことを言うときに、へりくだっ

手紙を書くときには、手紙の**目的《もくてき》や内容**をはっきりさせる。主な目的としては、お礼・近況《きんきょう》（↳最近の様子）の報告《ほうこく》・相手の近況のおたずね・おさそい・お祝《いわ》い・相談・お願《ねが》いなどがあり、目的に合わせて**言葉**を選《えら》んだり、書き方を変《か》えたりすることもある。

❶手紙を書くときの注意点

・相手に知らせたいことは何か、内容をはっきりさせる。
・相手によって**言葉づかい**（↳目上の人にはていねいな言葉を使う）を変える。
・相手に読みやすい字、ふさわしい言葉づかいになっているか、読み返して確《たし》かめる。

❷手紙文の組み立て

前文	書き出しの言葉。あいさつ、相手の安否《あんぴ》のおうかがい、自分の近況などを書く。

チェックテスト

1 次の手紙を読んで、あとの問いに答えなさい。

おばさん、お変わりありませんか。
さて、先日は入学祝いに万年筆をくださって、ありがとうございました。この手紙も、もらった万年筆で書いています。とても書きやすくて、字を書くのが毎日楽しみです。
夏休みには、またそちらにうかがいたいと思っています。

③。、「は一字分、——や……は二字分とる。

最重要ポイント

記号は、作文を書くときだけでなく、物語などを読むときにも、その意味を考えながら読むとよい。

3 新聞づくり

参考 記事の書き方は、
①短い言葉で表す
②内容《ないよう》をわかりやすくする
③文章を短くすることが大切。

参考 写真や図をのせるときは、記事の内容と合っているか、写真や図だからこそ伝《つた》えられることは何かを考える。

新聞は、いろいろな情報《じょうほう》を多くの人に知らせる目的《もくてき》で、次のように作る。また新聞記事の特色《とくしょく》として、一つの事がらについて①**見出し**、②**前書き**、③**本文**の順《じゅん》に書く。

（①は②の、②は③の要約になっている）

決める	何についての新聞か、どんな話題をのせるか、作りたい新聞のイメージを決める。
取材《しゅざい》する	調べたいことを事前に書き出し、事実を正《せい》確《かく》にとらえる。記事にしたい情報を選《えら》ぶ。
組み立てる	記事の下書きをし、わりつけを考える。大事なことを落とさないように書く。知らない人が読んでもわかるようにする。
仕上げる	文字、句読点や記号の使い方、常体と敬体がまざっていないか、記事にまちがいがないかなどを確《たし》かめる。

2 次の——線部を敬体に直しなさい。

① そちらに行く。
② 山《やま》田《だ》君が言った。
③ まったく聞いていない。
④ 美しい花だ。

答え

1 ① ふってきた。 ② 「おはよう」 ③ とどけた ④ 『うれしい』
2 ① 行きます ② 言いました ③ いません ④ 花です

考え方 **1** ② 会話文は「 」でとじる。④ 「 」の中の「 」は、『 』を用いる。
2 ② は過去《かこ》のことをのべているので、「言います」としないよう注意する。

15 文章の書き方

国語

1 生活文の書き方

注意 常体《じょうたい》と敬体《けいたい》がまざらないようにする。

生活文はふつう次のように組み立てる。

❶初《はじ》め…書き出し。何について書くのか、はっきりさせる。
↳書き出しを工夫して、読み手に「先を読みたい」と思わせる

❷中…本文。文章の中心。くわしく書く。

❸終わり…まとめ。自分の意見や感想をまとめる。

2 記号の使い方

注意「 」の中に「 」を使うときは、『 』を用いる。

参考 原稿《げんこう》用紙の使い方

①文題は上を三～五字空けて書く。

②段落《だんらく》のはじめは一字下げる。

。(句点《くてん》)	文の終わりにつける。
、(読点)	長い文を読みやすくするときに使う。
・(中点・中黒)	同じ種類《しゅるい》の言葉をならべるときに使う。
「 」(かぎ)	会話文や引用文に使う。
( )(かっこ)	説明《せつめい》や注意書きに使う。
――(ダッシュ)	前の文をくわしく説明するときに使う。
……(リーダー)	言葉を省《はぶ》いたときに使う。
?(疑問符《ぎもんふ》)	疑問の気持ちを表すときに使う。
!(感たん符)	感動の気持ちを表すときに使う。

チェックテスト

1 次の――線部を正しく書き直しなさい。

① 雨がふってきた、だから、かさをさした。

② 友人におはようと言った。

③ さいふを拾った。わたしはそれを交番にとどけました。

④ ぼくは「友人は「うれしい」と、とてもよろこんでいました。」と先生に伝えた。

た文章を「**報告文**」という。報告文は、次のように組み立てる。

初《はじ》め		中		終わり	
①	②	③	④	⑤	⑥
報告すること／日時・場所など	目的や課題 ↳何のために調べたのか、理由やきっかけ	見学してわかったこと・新しい疑問《ぎもん》 （多い場合は内容ごとに分けて書く）	調べたこと・研究したこと	調べたことの結果、感想や意見	出典《しゅってん》（筆者・調べた資料《しりょう》や本の題名・出版社《しゅっぱんしゃ》や発行年を書く） ↳引用するときは元の文に「　」をつけてそのまま使う

注意 事実（実際《じっさい》に調べて明らかになった内容）と意見（そこから感じたこと）をはっきりと書き分けること。

参考 常体《じょうたい》…ふつうの言い方。「だ・である」
敬体《けいたい》…ていねいな言い方。「です・ます」
報告文を書くときは文末を常体か敬体かのどちらかに統一《とういつ》する。また、具体的に、数字は正しく書くようにする。

最重要ポイント
記録文や報告文は、事実を正確に、わかりやすく伝《つた》えることが大切である。

新しい発見やわかったことについてまとめよう。

⑤ しかし、「なくなっていくと思う」と回答した人の中には「方言が好《す》きだ」と答えた人もいた。

⑥ なぜ「好きだ」と言いながらも「なくなっていくと思う」と回答したのか、また別《べつ》のアンケートを行って、さらにくわしく調べていきたい。

答え

1 ① ○ ② ○ ③ ○ ④ △ ⑤ ○ ⑥ △

考え方 **1** ④・⑥「～だろうか。」「～たい。」などの文末《ぶんまつ》表現に着目する。実際に調べてわかったことと、そこから考えたことや感じたことは区別《くべつ》して書く。

14 記録・報告のしかた

国語

1 記録《きろく》のしかた

参考 表現《ひょうげん》のしかたを考える。

①順序を表す言葉

例 はじめに、まず、それから、最後《さいご》に…

②人から聞いたことを表す言葉

例 …だそうだ。…といわれている。

あとで役立てるために観察《かんさつ》、見学、研究、調査《ちょうさ》によってわかったことを**正確《せいかく》に**書きとめた文章を「**記録文**」という。記録文を書くときは、何の記録かによって書き方が変《か》わる。また、文章はできるだけ簡潔《かんけつ》に書く。

❶**会議《かいぎ》の記録**…日時／場所／議題／議長／発案者《はつあんしゃ》／記録者／決まった事がら／反省《はんせい》などを書く。

❷**観察記録**…日時／天候《てんこう》／観察の目的《もくてき》・方法《ほうほう》・時間・様子／わかったことのまとめ／感想や反省などを書く。

↓物事の変化がくわしく書かれている

❸**見学記録**…日時／場所／目的／見た順序《じゅんじょ》／感じたことなどを書く。

大事なことや忘《わす》れてはいけないことを、あとで読んだときにわかるように**メモ**する。メモする内容《ないよう》は、日時／場所／人の名前／数字／キーワードなど。

2 報告《ほうこく》のしかた

ある事がらについて課題《かだい》を見つけ、調べたり見学したりしたことの様子や結果《けっか》を、まとめて発表するために書かれ

チェックテスト

1 次の文が事実をのべている場合は○、意見をのべている場合は△で答えなさい。

① 100人に「今後、方言はなくなっていくと思うか」という内容でアンケートをとった。

② 有効《ゆうこう》回答数は80だった。

③ 約《やく》半数が「なくなっていくと思う」と回答した。

④ この約半数の人々は、方言に親しみをもっていないのではないだろうか。

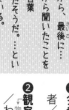

参考 俳句は一句、二句、…と数える。

参考 俳句では、気持ちを表す言葉を直接《ちょくせつ》よみこむことはせず、感動をおぼえた情景などを、写し取るように表すことが多い。

参考 旧暦…昔使われていたこよみ。現代の新暦と約《やく》一か月〜一か月半ほどのずれがある。

春…一・二・三月
夏…四・五・六月
秋…七・八・九月
冬…十・十一・十二月

例 菜《な》の花や　月は東に　日は西に　与謝蕪村《よさぶそん》

↓季語。「菜の花」は春を表す

季語は、主に春・夏・秋・冬の季節を表す。

春	例 立春・入学・遠足・さくら・つくし
夏	例 かき氷・夕立・祭・花火・麦・新緑
秋	例 名月・残暑《ざんしょ》・運動会・朝顔・すすき
冬	例 雪・氷・節分・ストーブ・白菜《はくさい》・大根

俳句は次のように味わうとよい。

❶ **情景《じょうけい》を心にうかべる**…俳句は主に自然《しぜん》の情景をうたい、その中に作者の気持ちを表している。どんな情景をうたっているか、心にえがいてみる。

❷ **季節感をつかむ**…季語が表している季節を中心にいろいろ想像《そうぞう》し、**作者の気持ち**をつかむ。

最重要ポイント

俳句には必ず**季語**を一つよみこむが、旧暦《きゅうれき》で分類《ぶんるい》されているため、現代《げんだい》の季節感とずれがあるものも多い。

小林一茶《こばやしいっさ》

② 荒海《あらうみ》や　佐渡《さど》に横たふ《(う)》　天の川　松尾芭蕉《まつおばしょう》

3 次の季語が表す季節を答えなさい。

① 梅《うめ》　② 大みそか
③ 夕焼《ゆうや》け　④ かわず
⑤ 渡《わた》り鳥　⑥ 枯《か》れ葉

答え

1 ① 三十一　② 季語　③ 定型
2 ① 雀の子・春　② 天の川・秋
3 ① 春　② 冬　③ 夏　④ 春　⑤ 秋　⑥ 冬

考え方 **2** ② 七夕は旧暦で秋なので、「天の川」は秋の季語。**3** ⑥「紅葉《もみじ》」は秋の季語。

13 短歌・俳句

国語

1 短歌

参考 短歌は一首、二首、…と数える。

参考 短歌の三十一音を、三十一文字（みそひともじ）ということもある。文字の数ではなく音の数で三十一になる。「きゃ」「しゃ」などは一音となる。

昔からある和歌の一つで、身近な感動を「五・七・五・七・七」の**三十一音**で表した**定型詩**《ていけいし》を「**短歌**」という。

↳百人一首も短歌の形式と同じ

例 金色《こんじき》の　ちひ《(い)》さき鳥の　かたちして
銀杏《いちょう》ちるなり　夕日の岡《おか》に　与謝野晶子《よさのあきこ》

↳「ちょ」も一音で数える

短歌は次のように味わうとよい。

❶**リズム（調子）を感じ取る**…言葉のひびきやリズムを感じ取る。

❷**作者の感動（短歌の主題）をとらえる**…作者が何を見ておどろいているのか、何を美しいと思っているのか、何を悲しいと感じているのかなど、うたわれている感動の中心をつかむ。

2 俳《はい》句《く》

「五・七・五」の**十七音**で表した**定型詩**を「**俳句**」といい、一句の中に必《かなら》ず一つ季語《きご》（季節《きせつ》を表す言葉）をよみこむというきまりがある。

チェックテスト

1 次の（　）に当てはまる言葉を答えなさい。

① 短歌は「五・七・五・七・七」の（　）音で書かれる。

② 俳句には必ず（　）を一つよみこむというきまりがある。

③ 短歌も俳句も、音数に一定のきまりのある（　）詩である。

2 次の俳句の季語と、その季節を答えなさい。

① 雀《すずめ》の子　そこのけそこのけ　御馬《おうま》が通る

参考 使われている言葉によって、口語詩《こうごし》(今の話し言葉)、文語詩《ぶんごし》(昔の書き言葉)という分け方もある。

❷形による分類

定型詩《ていけいし》	音数に一定のきまりがあるもの。
自由詩	音数に一定のきまりがないもの。
散文詩《さんぶんし》	ふつうの文章のように書いたもの。

3 詩の味わい方

参考 くり返し(反復《はんぷく》)…同じ言葉をくり返すことで、全体の調子を整え、感動を強調する。

例 きっと　会える。
いつか　きっと。

倒置…ふつうの言い方とは言葉の順《じゅん》を逆《ぎゃく》にすることで、内容を強調する。

例 歌おう　みんなで。

詩は、うたわれている内容の理解《りかい》だけでなく、次のようなことに注意して読み味わう。

❶**詩の心**…作者の**感動の中心**。
↳おどろき、よろこび、うれしさ、悲しさなど

❷**時・所・物**…詩にうたわれている季節《きせつ》や時間、場所、物、景色のありさま。
↳書かれている様子や感じを思いうかべる

❸**言　葉**…**言葉の意味**やひびき、表現《ひょうげん》のくふう。

❹**リズム**…実際《じっさい》に声に出しながら、全体の組み立て、**くり返し**や**倒置《とうち》**などの表現技法《ぎほう》とあわせてつかむ。

最重要ポイント
詩においては、その詩を書こうとした作者の気持ちをつかみ、思いうかべながら読み味わうことが大切。

それをまた
ひらかせたのも
さびしさである

① この詩は何連でできていますか。
② 内容に注目したときの、この詩の種類を答えなさい。
③ 形に注目したときの、この詩の種類を答えなさい。

答え
❶ ① 四連　② 叙情詩　③ 自由詩

考え方 ❶ ② 作者の気持ちが中心にうたわれている。
③ 音数にきまりがなく、自由に書かれている。

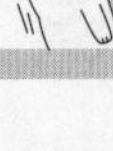

12 詩

1 詩

参考 感動…作者がなぜその詩を書こうとしたのか、詩の中心にある作者の感動を読み取る。
リズム…詩の形や言葉などから感じ取る。

心の中の**感じ**や**思い**や**考え**を、自分の言葉、調子で、ありのままに短く書いた文を「詩」という。

詩には、次の三つの要素《ようそ》が表れていなければならない。

❶**素《そ》　材《ざい》**…詩にうたおうとする事がら。
❷**感　動**…心に感じた事がら、思い。
❸**リズム**…音の調子。

声に出して読んでみると、リズムがつかめるよ。

2 詩の種類《しゅるい》

参考 連《れん》…感情《かんじょう》・場所・時間などをひとまとめにして何行かにまとめたもので、ふつうの文では段落《だんらく》に当たるもの。

詩は、うたわれている内容《ないよう》や形によって、次のように分けることができる。

❶**内容による分類《ぶんるい》**

叙情詩《じょじょうし》	作者の気持ちを中心にうたったもの。
叙事詩	伝説《でんせつ》や事件《じけん》を物語風に表したもの。
叙景詩《じょけいし》	景色《けしき》を見たままにうたったもの。

チェックテスト

① 次の詩を読んで、あとの問いに答えなさい。

手　　山村暮鳥《やまむらぼちょう》

しっかりと
にぎっていた手を
ひらいてみた

ひらいてみたが
なんにも
なかった

しっかりと
にぎらせたのも
さびしさである

段落の関係《かんけい》	細かい点	文図・表	ねらい
「前の段落の続《つづ》き」「前の段落で述《の》べたことをくわしく説明している」など、**段落と段落の関係**をはっきりさせる。	**具体例《ぐたいれい》やたとえ、対比《たいひ》やくり返し**の表現《ひょうげん》に注意する。	文章を図や表にして、**文章の組み立て**を正しくつかむ。	文章の**ねらい**を読み取り、短くまとめる。 ↓筆者の説明したいこと

最重要ポイント

説明文では、筆者が何のことをどう書いているのか、事実と意見のところを読み分けることが大切である。

❸ 自分の考え

・文を読んだあと、自分の考えを短い文にする。
・正しいと思うこと、まちがっていると思うこと、新しくわかったことなどをはっきりさせ、まとめる。

注意 要点のとらえ方

・文章の段落の最初《さいしょ》や最後に注意する。
・具体例の前後に注意する。

参考 文章の組み立てを図に表すと、内容がよくわかる。

例 ①前置《まえお》き
②問題（問いかけ）
③～⑥事実
⑦意見（まとめ）

参考 説明文を正確に読み取るには段落ごとの要点を見つけ、その関係をつかみ、文章の中心となる内容をおさえることが大切。

① 天気予報《よほう》では晴れだった。（　）、昼から雨がふってきた。
② 父の弟の子ども。（　）、わたしのいとこです。

ア 次に　イ つまり
ウ さて　エ さらに
オ なぜなら
カ ところが

答え

1 ①ウ ②ア ③イ
④オ ⑤エ ⑥カ
2 ①カ ②イ

考え方 **1** ③ 指示語といい、多くは、前に述べたことを指し示すときに使う。
2 ② 「つまり」は、言い換《か》えるときやまとめるときに使う。

11 説明文

国語

1 説明文《せつめいぶん》の読み方

参考 説明文とは、ある事がらや、ものなどについて、自分の考えていることや調べたことを、読む人によくわかるように、くふうして書いた文のこと。

注意 あらすじ…文章の順にまとめたもの。
あらまし…全体をまとめたもの。

参考 形式段落…行がえをして一字下げて書いてあるひとまとまり。
意味段落…書かれている内容によって区切ったひとまとまり。

説明文は、ふつう次の順序《じゅんじょ》で読み取る。

❶あらましを読み取る

全文をひととおり読んで、内容《ないよう》のあらましを読み取る。

「初《はじ》めに」「次に」「最後《さいご》に」などの言葉をさがしたり、**つなぎ言葉**や**指示語《しじご》**をたしかめたり、段落《だんらく》ごとに小見出しをつけたり、**段落の中心になる言葉**や、文をぬき出したりしてみる。

↓文や段落をつなぐ言葉

❷内容をくわしく読み取る

話題	何についての文章かを正確《せいかく》につかむ。
段落	書かれている内容から文章の組み立てを調べ、**意味段落**に分ける。
段落の要点《ようてん》	段落ごとに重要な部分（**要点**）をおさえながら読む。

チェックテスト

1 次の言葉が、あとのどれに当たるか選《えら》びなさい。

① まず　② しかし
③ これは　④ だから
⑤ つまり　⑥ ところで

ア 反対のことを表す。
イ 指し示《しめ》す。
ウ 順序を表す。
エ まとめを表す。
オ 理由を表す。
カ 話を変《か》える。

2 次の（　　）に入るつなぎ言葉を、あとから選びなさい。

とが多い。

注意 人物は、人間だけではない。きつねや犬も人間と同じように考えたり、話したりするときには人物としてとらえる。

参考 物語は、ふつう起（話の起こり）、承《しょう》（話の広がり）、転《てん》（話の転換《かん》）、結《けつ》（話の終わり）ですじが運ばれる。

❺	主題	物語全体で強く言い表そうとしていることを読み取る。
❻	味わう	すじの進め方、事件《じけん》のおもしろさ、言い表し方のうまさなど、**表現上《ひょうげんじょう》の特徴《とくちょう》と主題のかかわり**を読み取り、味わう。
❼	感想や意見	読み味わって、思ったり考えたりしたことを自分の言葉で書きとめる。最初《さいしょ》の感想と比《くら》べるのもよい。

物語には、小説《しょうせつ》の他に神話や伝説《でんせつ》、ぐう話などもふくまれるよ。

最重要ポイント

一度ですべてを読み取ろうとせず、必要《ひつよう》なことには線を引いたりメモをとったりしながら、何度もくり返し読んでいく。その中で新しい発見もある。

学校から帰ると、ピンクのリボンがついた大きな袋《ふくろ》が見えた。わたしは思わず「わあ!」と声をあげて、袋にかけよった。なのに「まだよ。ごはんのあとでね」というお母さんの声。残念《ざんねん》。でも、プレゼントは逃《に》げるわけじゃない。わたしは待ち遠しい気分で、時計の針《はり》と大きな袋を交互《こうご》にながめていた。

答え

① 起承転結

② 楽しみ（にしていた）・わくわく（して）・残念・待ち遠しい

考え方 ② 気持ちを表す言葉は「心情語」ともいう。

10 物語

国語

1 物語の読み方

参考 物語とは、作者が見聞きしたことや想像《そうぞう》をもとに、人物・場面・事件などの中で自分の考えを表すためにまとめた話。

いつ（時代）、どこで（場所）、だれが（人物）、何を（事件）の四つがうまく組み合わされてまとまっている。

参考 主題とは、「家族の愛《あい》」「友情」などのように、物語の中心となるテーマのこと。あらすじとはちがって、文章のおもてには出ないで、かくされているこ

物語は、ふつう次の順序《じゅんじょ》で読み取る。

❶	場面と人物	主となる時と場所をまずつかみ、次に登場する**中心人物**（→主人公）と他の人物とのつながりをとらえる。
❷	あらすじ	**場面や出来事の移《うつ》り変《か》わり**などを手がかりに、文章の順にしたがって**あらすじ**をつかむ。
❸	人物の性格《せいかく》	**登場人物の話し方、ものの見方（考え方）**、行動などから、その人がどんな人かをつかむ。
❹	話のやま	**中心人物の性格や心情《しんじょう》の変化《へんか》**などを中心にして、**物語のやま**（→クライマックス）を読み取る。

チェックテスト

1 物語のすじを運ぶための基本《きほん》となる組み立てを、漢字四字で書きなさい。

2 次の文章を読んで、気持ちを直接《ちょくせつ》表す言葉に――線をつけなさい。

今日はわたしの誕生日《たんじょうび》。もう何日も前から楽しみにしていた。どんな料理《りょうり》が出てくるのか、ケーキのデコレーションは、プレゼントは……そんなことを考えていると、わくわくして昨日《きのう》の夜はちっともねむれなかった。

味を加《くわ》える。

例 図書館で（助詞） 読みたい（助動詞） 本を（助詞） さがします。（助動詞）

文や段落《だんらく》をつなぐ言葉を接続詞(つなぎ言葉)、特《とく》に語について前後の関係《かんけい》をはっきりさせる言葉を接続助詞という。
（↓後の文や、段落のはじめにつけることが多い）

例 もう少し 行けば ゴールだ。

〔接続詞〕

用法《ようほう》	種類
順接《じゅんせつ》	それで・だから
逆接《ぎゃくせつ》	しかし・けれども
並立《へいりつ》	また・ならびに
選択《せんたく》	または・それとも
添加《てんか》	しかも・そして
転換《てんかん》	さて・ところで

〔接続助詞〕

用法	種類
順接	ば・と・ので・から
逆接	が・のに・けれど
並立	が・し・ながら・たり
補助《ほじょ》	て(で) 例 走っている 遊んでいる

最重要ポイント

つなぎ言葉は、前後の語と語、文と文、段落と段落の関係をはっきりさせるための言葉である。

2 文をつなぐ言葉

注意 接続助詞をふくむ文は、二つの文に分けることができる。

注意 用法の意味は、次のとおり。
順接…あたりまえの事がらをつなぐ。
逆接…反対の事がらをつなぐ。
並立…ならべあげる。
選択…どちらか選《えら》ぶ。
添加…つけ加える。
転換…話題をかえる。

③ 雨がふってきた。(　　)、風までふいてきた。

④ かんたんだと思っていた。(　　)、やってみるとむずかしかった。

⑤ 暑かった(　　)、がまんした。

答え

1 ① 広い ② 食べる
2 ① それとも(あるいは) ② すると ③ そのうえ(しかも・そして) ④ しかし(けれども・だが) ⑤ が(けれども)

考え方 **2** 前後の文の関係を考えて、ふさわしいつなぎ言葉を当てはめる。

9 単語の種類・つなぎ言葉

国語

単語は、次の十種類に分けられる。
↳文節を意味のうえからいちばん小さく分けたときの言葉

❶**名《めい》 詞《し》**…主語の「何が(は)」や述語《じゅつご》の「何だ」に当たる。

例 学校・日本・三人・あれ・わたし

❷**動 詞**・❸**形容詞《けいようし》**・❹**形容動詞**…述語の「どうする」「どんなだ」に当たる。

例 走る・笑《わら》う、大きい・美しい、きれいだ・平和だ
↳動詞　↳形容詞　↳形容動詞

❺**副《ふく》 詞《し》**…❷～❹などを修飾《しゅうしょく》する。

例 イルカが ゆったり 泳ぐ。
↳動詞

❻**連体詞《れんたいし》**…❶を修飾する。 例 大きな 家。
↳名詞

❼**接続詞《せつぞくし》**…文と文、語と語を**つなぎ合わせる。**

例 風が 強い。そのうえ 雨も ふって きた。

❽**感動詞**…感動・応答《おうとう》・呼《よ》びかけ・**あいさつ**などを表す。

例 へえ、それは すごい。 はい、わたしです。

❾**助動詞**・❿**助 詞**…ほかの言葉について、**いろいろな意**

1 単語《たんご》の種類《しゅるい》

参考 品詞…単語をそのはたらきによって分けたもの。「名詞」「動詞」「形容詞」は「品詞」である。

参考 名詞は、「普通《ふつう》名詞」「固有《こゆう》名詞」「数詞」「代名詞」の四種類がある。

参考 言い切りの形に注目すると、動詞は「ウ段《だん》の音」、形容詞は「…い」、形容動詞は「…だ」で終わる。

注意 助詞はいろいろな言葉につくが、助動詞は主に動詞につく。

チェックテスト

1 次の――線部の言葉を、言い切りの形に直しなさい。

例 花が 美しく さく。 →美しい

① もっと 広ければなあ。

② 早く 食べたい。

2 （　）に当てはまるつなぎ言葉を答えなさい。

① 右へ行こうか。（　）、左へ行こうか。

② 口笛をふいた。（　）、ポチがかけよってきた。

参考 述語は、たいてい文の終わりにある。先に述語をさがし、「何が」「だれは」に当たる言葉をたどっていけば、主語を確実《かくじつ》に見つけることができる。

参考 かざり言葉のことを修飾語《しゅうしょくご》という。

❷述　語…「どうする」「どんなだ」「何だ」に当たる言葉。

例 白い　鳥が（主語）　空を　飛ぶ。（述語）

❸かざり言葉…「どんな」「どのように」に当たる言葉。
↳それより下にある言葉をくわしく説明することが多い

例 白い→鳥が（主語）　空を→飛ぶ。（述語）

主語	述語	例
何が(は)	どうする	雨が降《ふ》る。
何が(は)	どんなだ	空が青い。
何が(は)	何だ	これはお茶です。

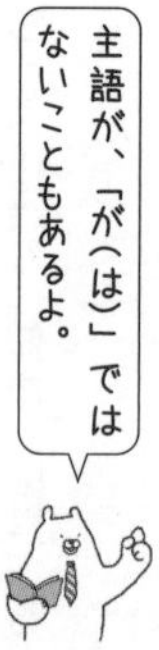

最重要ポイント
日本語は、特《とく》に会話文で主語や述語を省《はぶ》いた文が多い。必ず一文に一つずつあるわけではないので気をつける。

葉に、～～をつけなさい。

① 少女が　にこにこ　笑《わら》う。

② 妹は　歩いて　学校へ　行く。

③ 美しい　歌声が　遠くから　聞こえる。

答え

1 ① 庭に／きれいな／花が／さく。 ② 図書館で／本を／借りる。

2 ① 車が・走る ② 行く

3 ① にこにこ ② 歩いて・学校へ ③ 遠くから

考え方 **2** 述語、主語の順《じゅん》にさがす。② 「何が」に当たる言葉がないので、主語はなし。**3** ① 「どのように」笑うのか考える。② かざり言葉は二つ以上あることもあるので注意する。

8 文の組み立て

国語

1 文

参考 「文章」はいくつかの文がまとまったもの。

文とは、言葉をつづり合わせて、まとまった考えや事がらを表したもので、文字で表すときには終わりに必《かなら》ず「。」（**句点**《くてん》）をつける。

↓話すときは終わりで必ず音が切れる

例 白い鳥が空を飛《と》ぶ。

2 文《ぶん》節《せつ》・単《たん》語《ご》

参考 文節は、一つまたは二つ以上《いじょう》の単語からできている。

参考 単語は、一つ一つに、それぞれちがった意味やはたらきをもっている。

❶**文　節**…意味や発音を考えて、おかしくないように、文を最《もっと》も**短く**区切ったひとつづきの言葉をいう。「**ね**」「**さ**」「**よ**」を入れて読んだとき、おかしくない言葉になる。

例 白い／鳥が／空を／飛ぶ。
　　ね　　ね　　ね

❷**単　語**…文節を意味のうえからいちばん**小さく**分けたときの言葉をいう。

例 白い|鳥|が|空|を|飛ぶ|。

3 主語・述語《じゅつご》・かざり言葉

主語と述語は、文のいちばんもとになっている言葉。

❶**主　語**…「**何が（は）**」に当たる言葉。

チェックテスト

1 次の文を文節に区切りなさい。

例 弟と／いっしょに／歩く。

① 庭 に き れ い な 花 が さ く。

② 図 書 館 で 本 を 借《か》 り る。

2 次の文の主語に——線を、述語には═線をつけなさい。

① 赤い 車が 走る。

② 日曜日に 公園へ 行く。

3 次の文の——線部をくわしく説明《せつめい》しているかざり言

格言《かくげん》…だれが言った言葉かが明確《めいかく》になっていることが多い。

んであること。

灯台《とうだい》もと暗し
（「もと」は「下」という字を書く）
↓人は自分の身近なことには、案外気づきにくいものだということ。

馬の耳に念仏《ねんぶつ》
↓何を言ってもむだであるということ。

3 故事成語《こじせいご》

参考 「故事成語」にはもとになった話が存在《そんざい》している。「矛盾《むじゅん》」や「五十歩百歩」なども故事成語である。

昔の中国で起きた出来事から生まれた、教訓をふくんだ言葉を「故事成語」という。
（これを「故(ふる)い事」、つまり「故事」という）

例 漁夫《ぎょふ》の利《り》
↓第三者が利益《りえき》を横取りすること。
（そのことに直接は関係ない人のこと）

蛍雪《けいせつ》の功《こう》
↓苦労《くろう》して勉強にはげむこと。

他山の石
↓他の人の失敗《しっぱい》を、自分をみがく助けにすること。

最重要ポイント
慣用句・ことわざ・故事成語は、それぞれの意味だけでなく、実際《じっさい》の使われ方もあわせて覚《おぼ》えておこう。

② たくさんのものが方々ににげていくこと。
③ 悪いことがつづいてやってくること。
④ 少しも手ごたえがないこと。
ア 泣《な》きっつらにはち
イ 犬猿《けんえん》の仲
ウ のれんにうでおし
エ くもの子を散らすよう

答え
1 ① ねこ ② 火 ③ 山 ④ 塩 ⑤ 類 ⑥ 良薬
2 ① イ ② エ ③ ア ④ ウ
考え方 1 ④ 新鮮《しんせん》な葉物の野菜《やさい》に塩をかけるとしおれることから、急に元気をなくすこと。

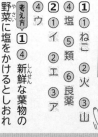

7 慣用句・ことわざ・故事成語

国語

1 慣用句《かんようく》

参考 料理《りょうり》の塩加減《かげん》は自分で調節《ちょうせつ》することから「手塩」と言うようになった。

参考 「火花」は、刀と刀を打ち合わせたときに散る。

参考 「手」には、「世話」という意味もある。

二つ以上《いじょう》の言葉が結《むす》びついて、全体でひとつの意味を表す言葉を「**慣用句**」という。

↳それぞれの言葉が本来もっている意味とはことなる

例

手塩《てしお》にかける

↓自らよく世話をして、大切に育てること。

火花を散《ち》らす

↓たがいにはげしく争《あらそ》うこと。

手を焼《や》く

↓あつかいにこまること。もてあますこと。

念《ねん》をおす

↓何度も注意してたしかめること。

2 ことわざ

参考 ことわざ…人々の生活の中から自然《しぜん》に生まれてきたもの。

古くから人々によって言い伝《つた》えられてきた、生きていくための知識《ちしき》や知恵《ちえ》、教訓《きょうくん》などをふくんだ言葉を「**ことわざ**」という。

例

案《あん》ずるより**産む**《う》がやすし

↓あれこれ心配するより、やってみたほうがかんた

チェックテスト

1 次の（　）に入る言葉を答えなさい。

① 借《か》りてきた（　）

② 飛《と》んで（　）に入る夏の虫

③ ちりも積《つ》もれば（　）となる

④ 青菜《あおな》に（　）

⑤ （　）は友をよぶ

⑥ （　）は口に苦し

2 次の意味のことわざを、あとから選《えら》びなさい。

① とても仲《なか》が悪いこと。

2 まちがえやすい熟語

参考 「会心」とは、期待どおりに物事がはこんで満足すること。

①同音異義《いぎ》語、②同じ漢字で読み方がちがうもの、③「へん」や「つくり」などが同じで形がにている、などのために、まちがえやすい熟語がある。

例 ①改心《かいしん》・会心、競争《きょうそう》・競走、事典《じてん》・辞典《じてん》

②図工・工夫《くふう》、作法《さほう》・自作、一万円・万全

③○昨年《さくねん》 ×作年、○体力 ×休力

3 反対語・類義語《るいぎご》

参考 「右」と「左」、「上」と「下」などは、反対ではなく、対《つい》になっている言葉なので、「対義語」という言い方をすることもある。

ある言葉の反対の意味をもつ言葉を「**反対語**」、にた意味をもつ言葉を「**類義語**」という。

例	反対語	類義語
希望《きぼう》	失望《しつぼう》	期待
人工	自然《しぜん》・天然《てんねん》	加工《かこう》
長所	短所・欠点《けってん》	美点・特長《とくちょう》
平等	不平《ふへい》	公平

反対語と類義語はセットで覚《おぼ》えておこう。

最重要ポイント

辞書や漢字辞典で意味をよく確認《かくにん》しておこう。また、反対語や類義語が一語ずつとは限《かぎ》らないので注意する。

① 安心 ② 敗北《はいぼく》
③ 失敗《しっぱい》 ④ 利点《りてん》
⑤ 部分 ⑥ 無名
ア 欠点 イ 勝利
ウ 全体 エ 有名
オ 不安 カ 成功《せいこう》

答え

1 ア・エ・カ

2 ①未 ②無 ③非 ④不 ⑤未 ⑥不 ⑦無 ⑧非

3 ①オ ②イ ③カ ④ア ⑤ウ ⑥エ

考え方 1 イ・ウはにた意味の漢字を重ねたもの、オは上の漢字が下の漢字を修飾しているもの。2 ⑤「未然」は、まだ物事が起こっていないこと。

6 熟語の意味と構成

国語

1 熟語《じゅくご》の成《な》り立ち

二字以上《いじょう》の漢字が結《むす》びついてできた言葉を「熟語」という。熟語は、次のような漢字の組み合わせで成り立っている。

❶にた意味の漢字を重ねたもの

例 絵画・開始・生産《せいさん》・算数・分別《ぶんべつ》

❷反対の意味の漢字を重ねたもの

例 強弱・苦楽・高低《こうてい》・天地・内外

❸上の漢字が下の漢字を修飾《しゅうしょく》しているもの

↳上から下へ読めば意味がわかる

例 温水(温かい水)・強風(強い風)・最小《さいしょう》(最《もっと》も小さい)

❹「―を」「―に」に当たる意味の漢字が下にくるもの

↳下から上へ読めば意味がわかる

例 開会(会を開く)・作文(文を作る)・着席《ちゃくせき》(席に着く)・登山(山に登る)

ほかにも、同じ漢字を重ねたもの(例 人々・続々《ぞくぞく》)や「～ない」という意味の漢字をつけたもの(例 不明《ふめい》・無実《むじつ》・未《み》満《まん》・非《ひ》常《じょう》)、性質《せいしつ》や様子を表す漢字をつけたもの(例 知《ち》性《せい》・公的《こうてき》・美化)などがある。

↳「不」「無」「未」「非」の四つ

↳「的」「性」「化」など

注意 「日本人」「合言葉」「学級文庫」など二字以上の熟語もある。

参考 「修飾」とは、ある言葉が別の言葉をくわしくしたり、限定《げんてい》したりすること。

例 朝＋食＝朝食

「朝」が「食」をくわしくしている。

参考 主語・述語《じゅつご》の関係《かんけい》になっているものもある。

例 日照・国立

チェックテスト

1 次の熟語の中から、反対の意味の漢字を重ねているものを選《えら》びなさい。

ア 明暗　イ 完全
ウ 料理　エ 前後
オ 漢字　カ 遠近

2 次の□に、「不」「無」「未」「非」のどれかを入れなさい。

① □来　② □料　③ □番
④ □安　⑤ □然　⑥ □正
⑦ □理　⑧ □行

3 次の熟語の反対語を、あとから選びなさい。

2 漢字辞典《じてん》の使い方

漢字辞典は、漢字の形はわかっているが、その漢字の読み方や意味がわからないときに多く使う。

↳読み方がわかっているときには、「音訓さくいん」を使うことができる

部首がわかっているか

わかる

手順① 部首の画数を調べ、「**部首さくいん**」を見て、その部首の出ているページをさがす。

手順② 部首をのぞいた画数からさがす。

例 「秋」…①部首は「のぎへん（五画）」。五画の部首のページで「のぎへん」をさがす。②そこからさらに四画をさがす。

わからない

「**総画《そうかく》さくいん**」からさがす。

例 「秋」…九画なので、九画のところを見ると「秋」の出ているページがわかる。

最重要ポイント

漢字辞典を使いこなすためにも、漢字の画数（筆順）や部首を覚《おぼ》えておくことが大切。

参考 「漢」を引く場合。…三画の部首のページから「さんずい」をさがし、「さんずい」の部の十画のページをさがす。

注意 「聞」、「問」は「もんがまえ」ではなく、「耳」、「口」の部である。

参考 「さんずい」が水に関係《かんけい》のある漢字に使われるように、部首には意味がある。

① 登（　）画
② 建（　）画
③ 考（　）画
④ 札（　）画
⑤ 兄（　）画

答え

1 ①にすい ②のぶん（ぼくにょう） ③くにがまえ ④りっとう ⑤れんが（れっか）

2 ①5 ②11 ③11 ④8 ⑤8

3 ①5（はつがしら） ②3（えんにょう） ③4（おいかんむり・おいがしら） ④4（きへん） ⑤2（ひとあし・にんにょう）

考え方 **1** ④「のぎへん」ではない。**2** ③「弓」は三画で書く。

5 漢字辞典の使い方

国語

1 漢字の筆順《ひつじゅん》・部首・画数

参考 「右」は左ばらいから、「左」は横から書く。

注意 「陽」と「都」の漢字はどちらも「阝」が部首だが、「陽」の部首は「こざとへん」、「都」の部首は「おおざと」。

漢字には、①筆順、②部首、③画数などのきまりがある。

❶**筆　順**…次の1~9のきまりにしたがって正しく書く。

1. 上から下へ　2. 左から右へ　3. 横からたてへ
4. 中心から左右に　5. 外側《そとがわ》を先に
6. 左ばらいを先に　7. つらぬくたては最後《さいご》に
8. つらぬく横は最後に
9. A 横が長く左ばらいの短い字は、左ばらいを先に
　B 横が短く左ばらいの長い字は、横を先に

❷**部　首**…**へん**(例 きへん)・**つくり**(例 りっとう)・**かんむり**(例 うかんむり)・**あし**(例 れんが)・**たれ**(例 まだれ)・**にょう**(例 しんにょう)・**かまえ**(例 くにがまえ)の七種類《しゅるい》に分類される。

↓全部で二百種類以上の部首がある

❸**画　数**…筆順どおりに、一画一画ていねいに書く。

例

「秋」の筆順は上のとおり。
部首は「のぎへん」で、九画。

チェックテスト

1 次の漢字の部首名をひらがなで書きなさい。

① 冷　② 数　③ 回　④ 利　⑤ 然

2 次の漢字の総画数を、算用数字で書きなさい。

① 写（　）画
② 進（　）画
③ 強（　）画
④ 芽（　）画
⑤ 画（　）画

3 次の漢字の部首の画数を、算用数字で書きなさい。

2 同訓異字《どうくん》

訓読みの読み方が同じだが、意味がことなる字を「同訓異字」という。
↳音読みが同じ場合は「同音異字」という

例

あ（う）
- 合う（一致《いっち》する）…意見が合う。 ↳合意・合同・集合
- 会う（人と出あう）…友人と会う。 ↳面会・会話・社会

あつ（い）
- 暑い（気温）…今年の夏は暑い。 ↳暑中・残暑・寒暑
- 熱い（熱）…熱いお湯につかる。 ↳熱湯・平熱・熱気

か（わる）
- 変わる（変化《へんか》）…風向きが変わる。 ↳不変・変色・一変
- 代わる（代用）…主役が代わる。 ↳代行・代理・代車

のぼ（る）
- 上る（上へ向かう）…川を上る。 ↳上京・北上・上級生
- 登る（だんだんあがる）…木に登る。 ↳登山・登場・登校

はか（る）
- 計る（数や時間）…時間を計る。 ↳計算・集計・合計
- 量る（重さ）…重さを量る。 ↳重量・大量・分量

はや（い）
- 早い（時間）…時期が早い。 ↳早期・早朝・早急
- 速い（スピード）…川の流れが速い。 ↳速度・速達・時速

最重要ポイント
どの漢字を書けばよいかわからなくなったときは、その漢字を使った例文《れいぶん》や熟語を考えるとよい。

参考 訓読みが同じ字なので、「もと」という読みをもつ「本」「元」「下」も同訓異字。必《かなら》ず送りがながあるというわけではない。

参考 下の例のほかにも「話す（言う）」「放す（自由にする）」、「別れる（人とはなれる）」「分かれる（物事がはなれる）」などがあります。

③ 大きなビルがたつ。
ア 立　イ 建

④ 鳥を空へはなす。
ア 放　イ 話

⑤ 朝早くに目がさめる。
ア 覚　イ 冷

答え

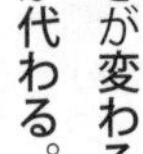

① ①感心 ②満天 ③原始 ④高低
② ①イ ②ア ③イ ④ア ⑤ア

考え方 ① ①「関心」は、興《きょう》味《み》があること。②「満点《まんてん》」と書きまちがえないように注意する。② ②「開始」と覚《おぼ》えよう。③「立つ」はたてに身を起こすこと。⑤「覚」は「気づく」「おぼえる」という意味もある。

4 漢字の書き(2)

国語

同じ読み方をするが、意味(漢字)がことなる言葉を「同音異義語」という。

↓辞書では必ずとなりにある言葉なので、意味や用例とあわせてちがいをたしかめよう

例

イガイ
- 以外…関係者《かんけい》以外は入れない。
- 意外…意外な答えにおどろく。

カジ
- 火事…火事に気をつける。
- 家事…家事のうでが上がる。

キカン
- 器官…体の中の重要《じゅうよう》な器官。
- 機関…機関車が走る。

ショウカ
- 消化…消化にいい食べ物。
- 消火…すばやい消火活動。

ゼンシン
- 全身…全身を使った運動をする。
- 前進…努力《どりょく》してまた一歩前進する。

ツイキュウ
- 追求…幸福を追求する。
- 追究…真理を追究する。

1 同音異義《いぎ》語

注意 同音異義語は熟語《じゅくご》どうしに限《かぎ》らない。たとえば「貝《かい》」と「下位《かい》」も同音異義語。

参考 「キカン」には、下の例のほかにも「気管(呼吸《こきゅう》をするための器官《きかん》)」や「期間(一定の時間)」がある。

チェックテスト

1 次の――線部を漢字に直しなさい。

① すばらしいわざにかんしんする。

② まんてんの星空が広がる。

③ げんし時代の生活。

④ こうてい差《さ》のある土地。

2 次の――線部の正しいほうの漢字を選《えら》びなさい。

① 父のあとをおう。
ア 負　イ 追

② 試合《しあい》をはじめる。
ア 始　イ 初

2 同音異字《いじ》

参考 官…体の中で、いろいろな役目をもった部分。
管…中心が空洞《くうどう》になった、つつのような形をしたもの。

音読みが同じだが、使い方のことなる字を「同音異字」という。
↳訓読みが同じ場合は「同訓異字」という

例
カン…器官《きかん》・血管《けっかん》・漢字・感動・関係・完成《かんせい》
キ……季節《きせつ》・機械《きかい》・期待・楽器《がっき》・起立・希望《きぼう》
セイ…生活・成人《せいじん》・西洋・晴天・青年・火星
カイ…会話・海岸・回答・世界・公開・改心《かいしん》
ユウ…遊具・勇気《ゆうき》・有名・左右・友人・理由

最重要ポイント
同じ音をもった漢字はたくさんあるので、ひとつひとつの漢字の意味をたしかめながら覚《おぼ》えることが大切。

3 漢字とかなの使い分け

参考 「方」、「物」、「事」、「来る」、「行く」も、ひらがなで書いたほうがよい場合がある。

もともとの意味がうすくなった言葉は、漢字ではなくひらがなで書くほうがふさわしい。

例
見る…近くでよく見る。　友人に声をかけてみる。
言う…自分の名前を言う。
　そういう話は聞いたことがない。
所……目立つ所で友人を待つ。
　ちょうど終わったところだ。

③ 次の——線部の漢字で、ひらがなで書いたほうがよいものを選びなさい。
ア 公園によって行く。
イ 落とし物を拾う。
ウ 春が来る。
エ よく見て見る。

答え

① ① イ　② ア　③ イ　④ ア　⑤ ア
② ① 池　② 答　③ 協　④ 季　⑤ 口
③ ア・エ

考え方 ② ① 同じ読みをする「地」とまちがえやすい。③ ア「走っていく」、イ「よく遊んだものだ」、ウ「近づいてくる」などの場合は、ひらがなで書いたほうがよい。

3 漢字の書き(1)

国語

読み方が同じであったり、意味や形がにていたりするために、書きまちがえやすい漢字がある。
↳例文や熟語の形で覚える

❶読み方が同じ漢字

例 画・角(カク)…○画数　×角数

料・量(リョウ)…○食料　×食量

❷読み方と意味がにている漢字

例 型・形(かた)…○大型車《おおがたしゃ》　×大形車

玉・球(たま)…○毛玉　×毛球

❸形がにている漢字

例 録《ろく》・緑…○記録　×記緑

持・待…○持続《じぞく》　×待続

礼・札《ふだ》…○失礼《しつれい》　×失札

未《み》・末《まつ》…○未来　×末来

❹読み方が同じで、形もにている漢字

例 親・新(シン)…○新聞紙　×親聞紙

間・関(カン)…○関係《かんけい》　×間係

1 まちがえやすい漢字

参考 画…漢字をつくる線や点のこと。
角…とがったもの、物の先のこと。

参考 「形」「型」も「かたち」を表すが、目に見える「形」をつくり出すためのわくのようなものが「型」。

注意 「新」しく「聞」く話がのっている印刷《いんさつ》物。「親聞紙」はまちがい。

チェックテスト

1 次のうち、正しい漢字を選《えら》びなさい。

① ア 低辺　イ 底辺
② ア 太陽　イ 大陽
③ ア 群部　イ 郡部
④ ア 労働　イ 労動
⑤ ア 少年　イ 小年

2 次の――線部のひらがなを漢字に直しなさい。

① 電ちが切れる。
② とう案《あん》用紙。
③ きょう力する。
④ き節《せつ》はずれ。
⑤ 人こう密度《みつど》。

2 特別《とくべつ》な読み方

漢字と漢字を組み合わせることで、**特別な読み方**になるものがある。
↳漢字とひらがなの組み合わせの場合もある

一（イチ／イッ／ひと(つ)）＋ 日（ニチ／ジツ／ひ／か）
⇦ 一日(ついたち)
↳このような読みは、和語であることが多い

ほかにも次のような言葉がある。

例 明日(あす)　息子(むすこ)　部屋(へや)
今朝(けさ)　川原(かわら)　今年(ことし)
手伝う(てつだう)　真っ青(まっさお)

最重要ポイント
熟語全体で特別な読み方をするので、ひとつひとつの漢字に「一(つい)」や「日(たち)」のような読み方があるわけではない。このような特別な読み方をするものを「**熟字訓《じゅくじくん》**」という。

参考 特別な読み方とふつうの読み方の両方をするものもある。
例 今日
↓きょう
コンニチ
上手
↓ジョウズ
かみて
うわて

注意 「小豆」は「あずき」と読むが、「あ＋ずき」や「あず＋き」と、分けて読むことはしない。
「時計(とけい)」や「一人(ひとり)」なども同じ。

① 下手（　　　）
② 二十日（　　　）
③ 七夕（　　　）
④ 兄さん（　　　さん）
⑤ 昨日（　　　）
⑥ 大人（　　　）

答え

1 ① コクゴ　② チャばしら　③ ばメン
2 ア・エ
3 ① へた　② はつか　③ たなばた　④ にい　⑤ きのう　⑥ おとな

考え方 **1** ② 「はしら」ではなく「ばしら」になる。「柱」の音読みは「チュウ」。③ 「場」の音読みは「ジョウ」。**3** ① 「しもて」「したて」、⑥ 「たいじん」はふつうの読み方。

2 漢字の読み(2)

国語

漢字が二つ以上《いじょう》組み合わせられて熟語になったとき、ふつう次のような四種類《しゅるい》の読み方がある。

音読み＋音読み	例 家族（カゾク） 黒板（コクバン） 文化（ブンカ） 絵画（カイガ）
訓《くん》読み＋訓読み	例 青空（あおぞら） 草花（くさばな） 花火（はなび） 筆箱（ふでばこ）
音読み＋訓読み（重箱《じゅうばこ》読み）	例 重箱（ジュウばこ） 半年（ハンとし） 仕事（シごと） 味方（ミかた）
訓読み＋音読み（湯桶《ゆとう》読み）	例 湯桶（ゆトウ） 手帳（てチョウ） 見本（みホン） 合図（あいズ）

音読み＋音読みの熟語は、昔、中国から日本に入ってきた言葉（**漢語**）、**訓読み＋訓読み**の熟語は、昔から日本に伝《つた》わっている言葉（**和語**）で、その意味に合う漢字を当てはめたもの。

1 熟語《じゅくご》の読み

参考 同じ熟語でも、複《ふく》数《すう》の読み方をするものがある。

例 市場（シジョウ・いちば）

注意 熟語になったとき、読み方が変《か》わることがある。

例 小雨 こ＋あめ→こさめ
白雪 しろ＋ゆき →しらゆき

チェックテスト

1 次の熟語の読みを、音読みはかたかな、訓読みはひらがなで書きなさい。

例 身分（ みブン ）
① 国語（ ）
② 茶柱（ ）
③ 場面（ ）

2 次の熟語で、音読み＋音読みの読み方をするものをすべて選《えら》びなさい。

ア 勉強 イ 花畑
ウ 名前 エ 漢字

3 次の熟語の特別な読み方を書きなさい。

例 家…カ・ケ
家庭《かてい》・家来《けらい》
いえ・や
家出《いえで》・家主《やぬし》

正

音読み セイ・ショウ
例 正当《せいとう》・正月《しょうがつ》
訓読み ただ-しい・ただ-す・まさ
例 正《ただ》しい・正《ただ》す・正《まさ》に

3 かなづかいのきまり

注意 ふつうは「じ」「ず」を用いる。
例 時間《じかん》・図画《ずが》・静《しず》か
「三つずつ」などは「づつ」と書かない。

漢字の読み方を書くときには、かなづかいにも注意する。

・二つの言葉がくっついて、あとがにごる言葉。
例 底力（そこぢから） 鼻血（はなぢ）
三日月（みかづき）

・同じ音が続《つづ》いて、あとがにごる言葉。
例 縮む（ちぢむ） 続く（つづく）

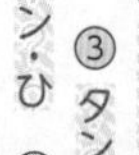

4 かなのついた漢字の読み

参考 「お」の長音はふつう「う」を使う。
例 おうじ・とうげ

送りがなのちがいによって、ちがった読み方をする漢字（↳二通り以上の訓読みがある）がある。

例
通る（とおる）／通う（かよう）
消える（きえる）／消す（けす）
着く（つく）／着る（きる）

3 次の漢字の読み方を書きなさい。

① 細（　い・　かい）
② 冷（　える・　める）
③ 直（　す・　ちに）

答え

1 ① オウ・よこ ② ハイ・くば ③ タン・みじか ④ イン・ひ ⑤ ソウ・おく

2 ① ちょくせん ② じょうじき ③ がんじつ ④ げんき ⑤ こうしん ⑥ ぎょうじ ⑦ まぢか ⑧ じめん

3 ① ほそ・こま ② ひ・さ ③ なお・ただ

考え方 **2** ⑦ 二つの言葉がくっついて、あとがにごる言葉。

1 漢字の読み(1)

1 漢字の読み

参考 音読みはかたかなで、訓読みはひらがなで読み方を表すことが多い。

参考 漢字の中には、音読みだけ、訓読みだけの漢字もある。

①音読みだけの漢字

例 気（キ・ケ）　絵（カイ・エ）

②訓読みだけの漢字

例 貝（かい）　畑（はた・はたけ）

音読みと訓読《くんよ》みの二通りの読み方がある。

❶**音読み**…昔、漢字が日本に伝《つた》わって来たときの、中国での発音をそのまま使った読み方。

例 石（セキ）　雲（ウン）　島（トウ）

❷**訓読み**…その漢字の意味に当たる日本の言葉を当てはめて読む読み方。

例 石（いし）　雲（くも）　島（しま）

最重要ポイント

一字だけで発音して意味がわかりにくい読み方が**音読み**、意味がよくわかる読み方が**訓読み**である。

2 漢字のいろいろな読み方

一つの漢字に音読みと訓読みのあるもの、二通り以上《いじょう》の音読み、訓読みをするものがある。

チェックテスト

1 次の漢字の音読みと訓読みを書きなさい。

例 紙（シ・かみ）
① 横（　・　）
② 配（　・　る）
③ 短（　・　い）
④ 引（　・　く）
⑤ 送（　・　る）

2 次の漢字の読み方を書きなさい。

① 直線　② 正直
③ 元日　④ 元気
⑤ 行進　⑥ 行事
⑦ 間近　⑧ 地面

デザイン　ブックデザイン研究所
図　版　　デザインスタジオエキス.
写真提供
公益社団法人 青森県観光国際交流機構／秋田市竿燈まつり実行委員会／仙台七夕まつり協賛会／千代田区政策経営部広報広聴課／山形県花笠協議会／JAPAN IMAGES／PIXTA
〈五十音順・敬称略〉

小4　全科の要点100%

編著者　小学教育研究会　　発行所　受験研究社

発行者　岡　本　明　剛

〒550-0013 大阪市西区新町 2—19—15
注文・不良品などについて：(06)6532-1581(代表)／本の内容について：(06)6532-1586(編集)

Printed in Japan　岩岡印刷・高廣製本
落丁・乱丁本はお取り替えします。